Pense, Faça, Mude:

Sonhe grande e conquiste resultados

ILJA GRZESKOWITZ

Pense, Faça, Mude:

Sonhe grande e conquiste resultados

TRADUÇÃO
UBK Publishing House

ubook UBK Publishing House

Publicado mediante acordo com GABAL Verlag GmbH. Edição original do livro, *Think it. Do it. change it. How to dream big, act bold, and get the results you want*, publicada por GABAL Verlag GmbH.

ubook UBK Publishing House

COPIDESQUE	Lara Freitas
REVISÃO	Larissa Salomé e Isis Pinto
CAPA E PROJETO GRÁFICO	Bruno Santos
DIAGRAMAÇÃO	Abreu's System
IMAGEM DE CAPA	turgaygundogdu/Shutterstock

Dados Internacionais de Catalogação na Publicação (CIP)
(Câmara Brasileira do Livro, SP, Brasil)

Grzeskowitz, Ilja
Pense, faça, mude: sonhe grande e conquiste resultados / Ilja Grzeskowitz; tradução UBK Publishing House. – Rio de Janeiro: Ubook Editora, 2020.

Título original: Think it. Do it. Change it
ISBN 978-65-86032-69-7

1. Conduta de vida 2. Motivação 3. Mudança 4. Mudança de atitude 5. Sucesso I. Título.

20-36480 CDD-158.1

Índices para catálogo sistemático:
1. Mudança de vida : Psicologia aplicada 158.1
Cibele Maria Dias – Bibliotecária – CRB-8/9427

Ubook Editora S.A
Av. das Américas, 500, Bloco 12, Salas 303/304,
Barra da Tijuca, Rio de Janeiro/RJ.
Cep.: 22.640-100
Tel.: (21) 3570-8150

Para minhas filhas, Emma e Elisabeth,
vocês me fazem feliz e me orgulham todos os dias.

Sumário

Prefácio

Quando Ilja me pediu para escrever o prefácio deste livro, aproveitei a oportunidade porque sabia que *Pense, faça, mude* se alinharia com meu mantra pessoal de pensar grande e fazer mais. No livro, Ilja detalha suas motivações e dá conselhos que te ajudarão a mudar o seu negócio e a sua vida. O momento perfeito para ir atrás de seus sonhos nunca chegará, então pare de inventar desculpas e simplesmente vá! Você pode falhar na primeira e na segunda vez, mas, na maior parte do tempo, nada grave irá acontecer. É necessário se desafiar para alcançar seus objetivos, e Ilja irá te apresentar as habilidades certas para superar os obstáculos. Ele está declarando guerra à mentalidade de "espere as coisas acontecerem", e eu vou me juntar a ele nessa batalha.

Depois de conversar com Ilja sobre sua inspiração para o livro e de ler *Pense, faça, mude,* lembrei-me de uma história de meu passado. Fui diretor de marketing (*chief marketing officer*, CMO) em uma empresa Fortune 100 durante vários anos, até que saí para construir minha marca pessoal como orador, consultor estratégico de negócios e personalidade midiática. Eu tinha passado os meus anos como CMO lutando contra as limitações das "grandes empresas" e estava ansioso para voltar ao otimismo, ao controle, à intimidade e às possibilidades aparentemente infinitas de ser um empresário. Queria construir um negócio dinâmico e ágil com uma equipe pequena que eu pudesse guiar.

O primeiro lugar no qual me propus a construir minha marca foi on-line. Eu desafiei minha equipe a encontrar uma maneira de aumentar minha presença social com 25 mil seguidores no Twitter e no Facebook. E queria um plano que me permitisse fazer isso rapidamente. A equipe montou uma estratégia forte, mas com um grande defeito: era um plano para conseguir apenas quinze mil seguidores.

— Por quê? — perguntei.

— Por causa do nosso orçamento.

— Mas eu nunca dei um orçamento! Só pedi para me falarem o que seria preciso para chegarmos onde queremos.

Minha resposta foi recebida pela equipe com silêncio. Quando fiz esse pedido, entendi que haveria desafios que precisaríamos superar, mas estava preparado para enfrentá-los. A equipe estava estabelecendo uma limitação autoimposta sem considerar uma solução. Eles não estavam pensando e nem agindo com grandiosidade. Nos últimos anos, aprendi a pensar e agir assim em tudo o que faço. Eu conecto visões a ações e ultrapasso as limitações. Sou ousado, destemido e até, ocasionalmente, um pouco cabeça-dura. Aprendi a ser implacável em tudo o que faço, especialmente confiando em quem sou, porque *eu posso*.

Como CMO de uma das empresas Fortune 100, eu me sentava em reuniões de diretoria com o restante dos executivos do mesmo nível que eu e pensava: "Eles devem saber de algo que não sei ou devem ser mais espertos do que eu". O que não sabia na época era que eles não eram mais espertos. Eles eram mais confiantes quanto ao seu conjunto de habilidades e acreditavam em seus instintos. Depois que entendi isso, passei a sempre seguir o meu. Por isso, eu o desafio a confiar em seu instinto e a simplesmente agir conforme queira — depois de ter lido o livro de Ilja, claro.

Jeffrey Hayzlett, apresentador de rádio e TV no horário nobre, autor best-seller e, às vezes, caubói

Introdução: E se...?

*"But no one, no nobody can give you the power to rise over love. Over hate. Through this iron sky that's fast becoming our mind. Over fear and into freedom. You've just got to hold on"**

- Paolo Nutini, "Iron Sky"

Era uma terça-feira comum no outono de 1994 e, embora nada de excepcional estivesse acontecendo naquele dia, provavelmente nunca a esquecerei. Porque, em um único instante, minha vida foi virada do avesso. Na época, eu estava completando dezoito meses de serviço público em uma instalação integrada no hospital universitário da minha cidade natal, Lübeck. Além das crianças com dificuldades de aprendizado e desenvolvimento, também cuidávamos de pacientes em várias enfermarias, para tornar suas vidas hospitalares menos entediantes. Uma das crianças tinha conquistado um lugar muito especial em meu coração. Tommy era um menino de nove anos que estava internado devido a um tumor cerebral. Ele já tinha passado por múltiplas cirurgias e não tinha mais cabelo. Em vez disso, duas grandes cicatrizes

---

* "Mas ninguém, não, ninguém pode lhe dar o poder de ascender sobre o amor e sobre o ódio. Através deste céu de ferro que rapidamente se transforma em nossas mentes. Sobre o medo até a liberdade. Você apenas deve aguentar!"

cruzavam seu crânio careca — marcas que mostravam a batalha desesperada dos médicos contra essa doença. Porém, o câncer já tinha se espalhado tanto que era impossível para Tommy vencer essa guerra. Mas uma coisa era notável. Apesar do diagnóstico chocante, esse rapaz corajoso era o menino mais feliz de toda a nossa instituição. Com uma paixão contagiante, ele ficava esculpindo pequenas figuras de madeira numa bancada de trabalho, fazendo quebra-cabeças durante horas ou praticando canções do Cat Stevens no violão. E, quando ficava exausto demais para continuar, adorava que eu lesse uma das aventuras de Asterix e Obelix para ele.

O desejo esmagador de Tommy pela vida me fascinava. Ele tinha todas as razões possíveis no mundo para estar deprimido, mas simplesmente não estava. Em vez disso, ria muito, estava sempre de bom humor e transmitia sua coragem para as outras crianças. Porém, ao mesmo tempo, sua condição física começava a piorar rapidamente, e havia dias em que eu não o via. Naquela terça-feira em especial, ele estava sentado em meu colo e líamos *Asterix na Hispânia* juntos. Tudo parecia estar como sempre, mas, quando chegamos em sua parte favorita (para os inteirados na obra: quando o pequeno Pepe prende a respiração porque não quer comer peixe), Tommy disse casualmente estas palavras que eu nunca esquecerei: "Ilja, eu sei que vou morrer em breve, mas não tenho medo, porque eu sei que Deus está olhando por mim. E queria dizer que gosto quando lemos juntos. As enfermeiras nunca têm vontade de fazer isso. Vou esculpir um talismã para você amanhã como agradecimento." Apesar de ter tido dificuldade em segurar as lágrimas naquele momento, eu me forcei a não deixar minha emoção transparecer. Em vez disso, eu só disse: "Legal, mal posso esperar." Continuei lendo até que nos despedimos com nosso habitual "toca aqui" pouco tempo depois. Nunca ganhei meu talismã, porque Tommy morreu dois dias depois.

Como era muito jovem naquela época, demorei bastante tempo para digerir o que tinha acontecido, mas, em um nível intuitivo, mais profundo, eu sabia que, mesmo sob circunstâncias trágicas, aquele corajoso rapazinho tinha me dado algo muito especial. Aprendi mais sobre motivação com esse encontro do que com todos os livros, seminários e palestras ao longo dos muitos anos que se seguiram desde então. Com sua vontade pela vida, ele me abriu os olhos e me mostrou a enorme diferença que um único ser humano pode fazer, mesmo que todas as possibilidades pareçam estar contra ele. Tommy me ensinou que um pequeno menino pode ser um exemplo a se seguir, mostrando-nos como colocar o mundo em ação e concretizar mudanças reais. Porque ele sabia que não lhe restava muito tempo, aproveitou ao máximo cada momento e viveu com uma intensidade que era contagiante para as crianças e os adultos ao seu redor.

E, apesar de ainda me partir o coração que Tommy tenha morrido tão cedo, sou muito grato por ele ter me ensinado uma lição importante. Naquela época, em uma espécie de ritual ingênuo, jurei a mim mesmo que aproveitaria ao máximo cada momento da minha vida. Decidi conquistar o sucesso, iniciar uma carreira e experimentar todas as coisas que tinham sido negadas a Tommy. Naquele tempo eu não tinha ideia de como chegaria lá, mas, olhando para trás, sei que esse foi um dos principais pontos de virada da minha vida. Até hoje, ainda não parei de aprender com essa lição. Sempre que estou prestes a ficar chateado com uma coisa superficial, eu me lembro de como cada um de nós deve ser grato por estarmos saudáveis, vivos, e por termos todos os dias a oportunidade de deixar o mundo um pouco melhor do que quando o encontramos.

Neste momento, gostaria de dar calorosas boas-vindas a todos os meus leitores. Sabendo que o tempo é o seu recurso mais escasso, eu aprecio muito a confiança e a fé em mim. Há muito tempo considero se seria uma boa ideia começar um livro sobre motivação e mudança com uma história sobre a morte. Afinal, nada é mais importante para mim do que apoiá-lo em sua jornada pessoal com ideias otimistas, inspiradoras e orientadas para soluções. Mais de uma vez eu empurrei as memórias de Tommy de volta para minha gaveta virtual e experimentei diferentes começos. Contudo, como muitas vezes acontece com grandes ideias, elas continuaram voltando e exigiram ser colocadas em prática. Mas não é exatamente a constatação de que a vida é finita que faz a gente reconsiderar nossas motivações e mudar radicalmente de rumo?

Quantas pessoas você conhece que têm tanto medo das mudanças necessárias que continuam a viver de acordo com as expectativas dos outros, em vez de seguirem as próprias ideias? Quantas pessoas você conhece que se refugiam na ilusão de segurança, em vez de viver todos os dias com alegria e paixão? Que estão esperando pelo momento perfeito de agir, até que um dia percebem, com um sentimento de nostalgia, que seus sonhos morreram silenciosamente? Pessoas cuja única motivação é a certeza de seu programa de TV favorito à noite. Muitas vezes é preciso uma crise, um golpe do destino ou um encontro com a morte, de fato, que os faça lamentar todas as coisas que não fizeram, conheceram ou experimentaram. Quanto mais eu pensava nisso, mais percebia que este livro não podia ter um começo melhor do que uma história focada no fato de que cada um de nós vai acabar morrendo; e que a garantia de uma vida feliz não pode ser tida como certa.

Logo de início, gostaria de lembrá-lo de uma coisa: você nunca deve esquecer que nosso tempo neste planeta é limitado e pode acabar mais cedo do que esperamos.

Portanto, devemos aproveitá-lo o máximo possível e aproveitar o máximo de cada área da vida. Devemos trabalhar, amar e viver cada segundo como se nada mais importante existisse no mundo. No entanto, na prática, o que as pessoas fazem? Elas mantêm seus sonhos e vontades fechados em uma gaveta, têm um emprego do qual não gostam e vivem relacionamentos que não as fazem felizes. Um dia, é claro, planejam fazer algo a respeito. Porém, por enquanto, simplesmente não é possível, porque suas rotinas atribuladas as deixam sem escolha. E assim continuam aguardando o momento certo — por dias, semanas, meses ou mesmo anos —, mas esperar por *um dia* certo é muitas vezes enganoso, pois isso acaba se transformando em um *nunca*.

E um dia, quando olham para trás, arrependem-se de não terem corrido mais riscos, desfrutado das coisas belas da vida e tido a coragem de viver seus sonhos. Com um profundo sentimento de tristeza, elas percebem quantas oportunidades não aproveitaram, quantos medos não superaram e quantas metas não alcançaram. Não é verdade que, muitas vezes, só valorizamos o que estamos prestes a perder? Ainda me lembro de como me senti quando tive que usar um gesso no braço direito por causa de um punho quebrado. Não era nada preocupante. No entanto, as tarefas mais simples do dia a dia se tornaram subitamente um desafio. Quando me livrei do gesso, eu me senti mais grato do que nunca por poder comer de uma forma normal, amarrar os sapatos e dirigir. Como Jim Rohn disse: "Há dois tipos de dor que você vai passar na vida, a da disciplina e a do arrependimento." Eu gostaria de acrescentar que você só pode evitar uma delas de cada vez. É uma escolha que temos de fazer todos os dias.

Você não acha que consideramos as oportunidades como algo garantido? Os exemplos incluem os nossos empregos, as pessoas em nossas vidas e, o mais importante, a nossa saúde. Devemos ser gratos por tudo o que nos é dado e depois tomar uma decisão consciente de nunca nos deixarmos levar pelo status quo. Precisamos sempre lutar por resultados extraordinários em todas as áreas de nossas vidas. Devemos nos comprometer a não deixar nossos sonhos morrerem, e a fazer tudo para torná-los reais, não em algum futuro distante, mas hoje. Comece a fazer as coisas que o deixam acordado no meio da noite com vontade de se aventurar, mesmo que elas venham com riscos. Comece o próprio negócio, construa uma carreira, conheça o parceiro dos seus sonhos, viaje pelo mundo, envolva-se em uma boa causa, escreva um livro, diga aos seus filhos o quanto você os ama, mude a sua dieta, experimente um pôr do sol inesquecível e faça o máximo possível daquilo que enche seu coração de alegria. Como diz um velho provérbio: "O melhor momento para plantar uma árvore foi há vinte anos, o segundo melhor é agora." O mesmo se aplica a suas intenções e seus sonhos. Se você der o primeiro passo hoje, em doze meses ficará muito feliz por tê-lo dado.

Tenha a coragem de tomar as rédeas de sua vida. Um navio atracado no porto está seguro, no entanto ele foi construído para navegar por mares tempestuosos. O mesmo é verdade para a sua paixão interior. Você nasceu neste mundo para fazer a diferença. É claro que poderia evitar todos os riscos possíveis, permanecer no suposto porto seguro e gerir o status quo para o resto da sua vida, lançando, ocasionalmente, um olhar ansioso para o horizonte. Porém, você também pode içar a âncora, zarpar e embarcar num futuro em que vive seus sonhos plenamente. É claro que há sempre o risco de naufrágio, mas o que pode parecer um fracasso é, na verdade, uma grande oportunidade para crescer. Muito mais agonizante é a sensação que se tem quando se espera até que seja tarde demais. O fardo da disciplina pesa alguns quilos. Já o fardo do arrependimento pesa uma tonelada.

Quanto mais frequentemente ficarmos atentos a esse fato, mais completa será a nossa vida, usando cada dia para nos tornarmos a melhor versão possível de nós mesmos. Para fazer isso, você precisa se sentar no lugar do motorista, sem se importar aonde a viagem da sua vida o levou até o momento. Liberte-se dos títulos, do dinheiro e da permissão de outras pessoas e encontre a sua própria motivação para a transformação. Torne-se um agente de mudanças, um changemaker, um termo que vou definir neste momento, pois vou usá-lo com bastante frequência neste livro. Aos meus olhos, um changemaker é a pessoa que vê as pequenas e grandes mudanças na vida como oportunidades, e que tem a capacidade de agir. Os changemakers buscam ativamente oportunidades e possibilidades de projetar os próprios futuros em vez de apenas gerenciar o status quo. Deixam que suas ações falem mais alto do que suas palavras. Quando as apostas estão dando errado, eles se mantêm firmes, sendo exemplos para sua equipe, seus clientes e seus colegas. Em poucas palavras, um changemaker é a pessoa que não deixa a carreira, os relacionamentos e a qualidade de vida nas mãos do acaso, mas, em vez disso, compromete-se a viver cada segundo ao máximo.

Bem, conseguiu se identificar com algumas dessas sugestões? Há trabalho a ser feito por aí? Para ajudá-lo a determinar o quão changemaker você é, eu gostaria de convidá-lo a realizar um pequeno experimento. Imagine-se no fim de seus dias sentado como uma pessoa idosa e (espera-se) sábia em uma confortável cadeira de balanço em sua varanda. Desfrutando do sol quente da tarde, você deixa os anos de sua vida passarem em sua mente. Olhando para sua carreira, sua vida familiar e o desenvolvimento do seu potencial, você ficaria grato e orgulhoso porque viveu uma vida cheia de momentos mágicos ou seus pensamentos seriam um tanto quanto tristes, devido a todos os objetivos que nunca alcançou, todos os riscos que nunca correu e todos os sonhos que nunca viveu?

Nesse flashback hipotético, você mudou ativamente o mundo e viveu suas ideias ou esperou passivamente, entregando-se às circunstâncias, às decisões de outras pessoas e às condições externas? Você tem sido um agente de mudança ou um gerente do status quo? Qualquer que seja sua resposta a esse pensamento fictício, eu gostaria de encorajá-lo a tomar o caminho do changemaker, assumindo responsabilidade por sua vida e sendo um exemplo para os outros. Eu gostaria de inspirá-lo a fazer o melhor de sua carreira, de seus relacionamentos e de sua satisfação em geral; a libertar todo o seu potencial e a fazer a diferença. Se você já está em um bom caminho, eu gostaria de desafiá-lo a dobrar a aposta e mudar do bom para o ótimo. E se você às vezes tem a sensação de que o que viveu até agora não pode ter sido tudo, significaria muito para mim se escolhesse este livro para ser seu despertar pessoal.

Qualquer que seja seu ponto de partida, hoje é o melhor momento para definir o percurso para um futuro no qual você tem as mãos firmes nas rédeas, decidindo tanto a direção como a velocidade, e desfrutando a montanha-russa que chamamos de vida. Um percurso no qual você muda ativamente, torna-se um exemplo para os outros e sacode o mundo com seus feitos; no qual cuida de suas ações e deixa sua marca por onde passa. Neste momento, você pode protestar: "Bem, Ilja, eu sou apenas uma pessoa comum. Não há muito que eu possa mudar." Minha resposta para isso é: "Você nem sabe do quanto é capaz." Por que não conseguiria fazer o que tantos já conseguiram? O mais importante é que comece onde está agora, concentrando-se em sua motivação interior; ao fazer isso, às vezes acontecem coisas que você não poderia imaginar nem em seus sonhos mais loucos. Quando seu fogo interno começa a queimar, ele pode facilmente se tornar um incêndio. Em breve, você vai perceber que as pessoas à sua volta também mudarão. Eu diria até que, quanto mais você tentar fazer uma diferença em pequena escala, em vez de mudar o mundo todo, maior será a marca que, provavelmente, deixará.

Consigo ouvir até sua próxima objeção. "Só as pessoas que já são bem-sucedidas podem causar um impacto real. Não é preciso títulos, dinheiro e certas conexões para provocar mudanças?" Minha resposta clara e inequívoca é: "Não, pelo contrário." Steve Jobs e seus amigos precisaram de um título para criar o império da Apple em uma garagem em Los Altos? Martin Luther King Jr. precisava de dinheiro para compartilhar seu sonho com milhões de pessoas? Jeff Bezos precisava da permissão de outras pessoas para lançar seu império da internet, a Amazon? Todos esses são exemplos que mostram o possível impacto de começar pequeno e ter coragem de usar seu potencial para se tornar a melhor versão de si mesmo.

E com isso chegamos ao tema central deste livro. Você não precisa de cargos, dinheiro ou permissão para viver uma vida de sucesso. Não precisa de um título para liderar como um exemplo e inspirar as pessoas ao seu redor. Você não precisa de dinheiro para aumentar suas vendas, ser apaixonado por seu trabalho e se destacar perante seus clientes. Não precisa da permissão de ninguém para tomar decisões ousadas e exceder as expectativas dos outros. Tudo isso acontece automaticamente à medida que se supera o medo da mudança e começa a desenvolver grandes ideias, tomando decisões claras e agindo com confiança. Permita que o título deste livro se torne o seu mantra diário: "*Pense, faça, mude*".

Não importa que tipo de emprego você tem hoje, aqui está uma verdade para você. Um trabalho é um trabalho comum apenas enquanto você escolher que ele seja comum. Não importa se você é aprendiz, funcionário, figura pública, gerente ou o CEO de sua empresa, qualquer atividade neste mundo é uma oportunidade única de usar todo o seu potencial e deixar sua marca em seu ambiente. Portanto, por favor, abandone a ideia de que o seu sucesso pessoal depende de condições externas. O que quer que você precise iniciar, sejam pequenas ou grandes mudanças em sua vida, já está em você. O seu enorme potencial está à sua espera para ser explorado e desenvolvido.

No entanto, se isso é tão simples, por que tão poucas pessoas têm a coragem de mudar padrões? Porque, embora as coisas possam parecer claras em teoria, a prática é uma história bastante diferente. Em meu trabalho diário como orador e coach de mudanças, penso frequentemente sobre o quanto nossa sociedade se tornou uma coleção de reclamões, resmungões e pessoas negativas. Ninguém parece estar feliz. Ninguém está consciente das grandes oportunidades que estes tempos emocionantes proporcionam. Todos parecem esperar que as outras pessoas mudem para que eles possam continuar como estão. Porém, se esperam por alguém, então ninguém faz nada e nada muda. Esperar que seu chefe, seus colegas de trabalho e seu cônjuge tomem as decisões corretas para você é um caminho certo para a mediocridade e, portanto, para a infelicidade. Não deixe que isso aconteça. Escolha fazer a diferença agora mesmo.

Assuma a liderança e tenha a coragem de deixar a marca de sua personalidade na vida. Aja de acordo com seus valores e suas ideias. Tome as próprias decisões. Não deixe seus sonhos morrerem silenciosamente, grite ao mundo o quanto ama sua vida. Se você aplicar essa filosofia, sua vida diária será muito mais colorida, seu negócio, mais bem-sucedido, sua carreira, mais gratificante e seu bem-estar geral, mais intenso. Parece muito bom, não é? Mas tenha certeza de que não é assim tão fácil. É muito mais simples confiar nos outros, esconder-se na multidão e tornar-se uma ovelha conformista no rebanho. Assumir a responsabilidade como líder é um caminho difícil, pedregoso e arriscado. Porque quando você se encarrega de sua própria motivação, isso o coloca no papel do pioneiro. Você vai andar por caminhos que ninguém nunca andou. Tomará decisões que podem ser certas ou erradas. Cometerá erros. Muitos erros. Grandes erros. Porém, também vai aprender com eles e crescer como pessoa. E esse é o ponto crucial. Só se você mesmo sentir uma motivação profunda e significativa é que será capaz de motivar os outros. Só se você se tornar um ser humano melhor é que poderá se tornar um empreendedor, supervisor ou colega melhor. Só se crescer como pessoa é que seus resultados profissionais também poderão crescer.

É meu trabalho ajudar empresários, executivos e gerentes a implementar esse processo de crescimento da melhor maneira possível. Caro leitor, gostaria de encorajá-lo a não depender mais de fatores externos e de outras pessoas para motivá-lo, mas iniciar ativamente as mudanças necessárias em sua empresa, em sua família e nas diversas situações da vida cotidiana. Lembre-se sempre: se você não o fizer, ninguém fará. Portanto, eu ficaria muito honrado se usasse este livro como seu fiel companheiro e uma constante fonte de inspiração.

Não é minha intenção lhe dizer como deve viver sua vida. Levei trinta anos, afinal, para ter a coragem de me libertar dos títulos, do dinheiro e da permissão de outras pessoas, e tomar o controle da minha própria vida. Acredite em mim, para chegar a esse ponto, tive de encarar os mesmos demônios que todos os outros. Eu também tinha dúvidas e medos. E mais de uma vez estive a ponto de desistir. Ainda hoje, para cada montanha a ser conquistada, há um vale que deve ser atravessado primeiro. E, no entanto, ouço repetidamente as mesmas objeções: "Bem, Ilja, pode ser fácil para você, mas a minha situação é muito mais complicada. Eu nunca seria capaz de fazer o que você fez." Deixe-me, portanto, esclarecer duas coisas.

Primeiro, você não deve se comparar a mim ou a qualquer outra pessoa, pois elas são simplesmente muito diferentes. Você não deve jogar fora seu trabalho bem-sucedido e começar de novo do zero, como eu fiz. Encontre seu próprio caminho e deixe que seus valores e suas visões o guiem, seja como empreendedor, executivo ou gerente. Porém, mesmo que seja um empregado, uma dona de casa ou um estudante, você também pode viver a vida de um changemaker, liderar como um exemplo e motivar outras pessoas.

Meu segundo ponto é ainda mais importante. Eu não tenho um talento excepcional ou capacidades extraordinárias. É mais como o famoso apresentador de TV alemão Thomas Gottschalk disse uma vez: "Não há algo em que eu seja realmente bom, exceto falar e entreter as pessoas." Quando considero minhas habilidades, há muitas coisas em que sou quase bom, mas cheguei a um ponto em meu desenvolvimento pessoal que já não me frustro mais. Em vez disso, prefiro me concentrar naquilo em que sou realmente bom, que é falar, escrever e criar uma cultura de mudança. Deixe-me ser claro: não sou o único nem um guru que descobriu o caminho para a verdade. Sou apenas um cara normal que cometeu os mesmos erros, lutou contra os mesmos problemas e teve que combater os mesmos demônios que você.

Eu também já vivi situações em que estava no automático, dependendo dos outros para me motivar a fazer meu trabalho; recusava-me a fazer qualquer coisa por iniciativa própria, convencido de que, sem um título, dinheiro ou permissão, nada poderia ser alcançado. Também mantive meus sonhos fechados em uma gaveta, acreditando que o momento certo ainda estava por vir. No entanto, ao fazer dos princípios deste livro minha filosofia orientadora, consegui me libertar desse modo de vida passivo. Não foi fácil, mas acabei sendo ousado o suficiente. Escolhi pegar o caminho difícil, pedregoso e arriscado. Em minha jornada, cometi muitos erros, mas também aprendi rapidamente e cresci com os desafios. Quanto mais evoluía por dentro, mais o sucesso se tornava visível por fora.

Contudo, eu nunca teria conseguido sem a ajuda de tantas pessoas maravilhosas. Como nunca esquecerei disso, tornou-se minha missão divulgar as ideias nascidas de minhas experiências em palestras, seminários e, o mais importante, em livros. Deixe-me compartilhar com você uma crença fundamental: estou profundamente convencido de que cada um de nós tem uma missão, um propósito e uma vocação. Você também nasceu com uma personalidade única, tem talentos e capacidades muito especiais para descobrir e desenvolver no decorrer de sua vida. Porém, isso só é possível se decidir assumir a responsabilidade, tornar-se um pensador crítico e liderar pelo exemplo. Para fazer isso, é necessário sair da zona de conforto da falta de comprometimento e ter a coragem de se tornar melhor, começar a desenhar ativamente sua vida e, a partir daí, iniciar um enorme movimento de mudança.

Se você está preparado para embarcar nesta viagem, estou ansioso para ser seu companheiro e, para ajudá-lo ainda mais, gostaria de propor uma pequena experiência. Este é um livro muito pessoal que lhe dá uma visão e tanto do meu mundo interior. Para poder compartilhar minhas emoções em diferentes níveis, cada capítulo começa com uma canção que inspirou minha escrita. Assim, o livro será acompanhado por uma trilha sonora, e espero que a combinação da música, da letra e das minhas ideias tenha o mesmo impacto especial em você que teve em mim.*

Além disso, para lhe dar o máximo de apoio possível, fundei um grupo privado no Facebook, restrito aos leitores deste livro. Lá, você não só terá a oportunidade de receber meus truques e dicas diretamente, como também poderá compartilhar suas ideias, seus pensamentos e seus desafios com pessoas do mundo inteiro. A intenção geral é criar um enorme grupo de mentes singulares, que tem apenas um propósito: apoiá-lo em sua jornada individual. Aqui está o link para o grupo; significaria muito para mim se você se juntasse a esse movimento: www.facebook.com/groups/MachEsEinfach.

Agora, tire seus sonhos da gaveta e comece a viver uma vida marcada por possibilidades, não por limitações. A partir de hoje, tente ser um chefe, um empregado ou um cônjuge melhor do que foi ontem. Juntos, vamos atravessar grandes obstáculos e conquistar grandes feitos. Vamos substituir a indiferença e a mediocridade pelo empenho e pelo extraordinário. Não espere que os outros lhe digam o que fazer, mas assuma você mesmo a responsabilidade. Acima de tudo, não espere que outra pessoa lhe dê permissão para tomar essas decisões. Tudo depende de você. Escolha se superar e deixar sua marca no mundo. Acenda o fogo da sua motivação interior e deixe a faísca se espalhar. Vamos mudar o mundo juntos — em pequena grande escala. Neste livro, assumirei a liderança com prazer. Seria uma grande honra ter você em minha equipe. Você está comigo?

Atenciosamente,
Ilja Grzeskowitz
Berlim - Miami Beach - Bangkok, primavera de 2015

---

* Você encontrará o link para a playlist do Spotify no fim do livro, na seção "Referências".

Pare de esperar

O momento perfeito nunca chegará

*"And I think it's gonna be a long, long, time, 'til touchdown brings me 'round again to find, I'm not the man they think I am at home. Ah, no no no, I'm a rocket man"**

- Elton John, "Rocket Man"

É segunda-feira, 16 de junho de 2014. Estou sentado na margem do Panke, um pequeno rio a norte de Berlim, desfrutando meu dia. Não há uma nuvem no céu, e a temperatura já atingiu 25 graus às onze horas da manhã. Como tenho viajado quase sem parar para fazer palestras, estou usando meu primeiro dia livre em semanas para relaxar um pouco. E, enquanto deixo as imagens mentais das experiências passadas fluírem, meus olhos se prendem a um pedaço de madeira que flutua na água. Essa observação é fascinante para mim. Cada movimento é mais ou menos aleatório, e o curso é determinado por influências externas. De vez em quando, o pedaço de madeira fica preso em uma pedra ou uma planta, até que desaparece de vista, apanhado por uma corrente mais rápida.

---

* "E acho que vai demorar muito, muito tempo até que a aterrissagem me traga de volta. Para descobrirem que não sou o homem que acham que eu sou em casa. Ah, não, não, não, sou um homem-foguete."

Não me lembro exatamente por que, mas, naquele momento, pensei em quantas pessoas vivem sua vida de acordo com esse padrão. Você vagueia mais ou menos ao acaso, sem ter um objetivo claro ou uma visão específica. Prefere esperar e se adaptar, em vez de criar ativamente seu futuro. Esse padrão de levar uma vida passiva tem graves consequências. Todos dependem que outra pessoa assuma a responsabilidade. Ninguém é corajoso o suficiente para tomar decisões hoje em dia. Ninguém quer cometer erros. O rumo, a direção e a velocidade da própria vida estão sujeitos a uma arbitrariedade fatal e, em algum momento, você se conforma com o descontentamento que, sem dúvida, vai ocorrer. Você prefere administrar o status quo a tomar o destino nas próprias mãos e iniciar as mudanças necessárias.

Quero lhe dar um exemplo típico. Recentemente, eu estava liderando um workshop com gerentes responsáveis por uma filial de uma grande empresa, com receita de dezenas de milhões. Conheço muitos executivos que teriam dado seu olho esquerdo por um emprego como aquele. Porém, aquelas pessoas viam a própria situação como um enorme fardo. Se não houvesse ainda uma definição para impasse no dicionário, você poderia tê-la encontrado ali, ao vivo e a cores. A causa para isso era, principalmente, que o antigo gerente da filial havia morrido tinha alguns anos, e ele havia tomado todas as decisões de maneira cordial. Em última análise, patriarcalmente. Todos os envolvidos se sentiam confortáveis com a situação e tudo funcionava com certa tranquilidade.

Contudo, embora as responsabilidades tivessem sido, teoricamente, distribuídas entre vários ombros após a morte do antigo chefe, surgiu uma sensação de vazio. O resultado foi fatal. Os projetos ficaram para trás, os clientes importantes foram perdidos e, em suma, uma atmosfera de incerteza reinou, o que paralisou todos os empregados. A reação daquela equipe de gestão ao se reunir deixou claro para mim, mais uma vez, o quão grande é a necessidade de pessoas que liderem pelo exemplo e com uma alta motivação intrínseca. Pois, quando perguntei "Quem foi responsável pelas grandes e pequenas mudanças na empresa nos últimos meses?", um dos atuais gerentes respondeu, com naturalidade, da seguinte maneira: "Bem, ninguém. Não tínhamos alguém que pudesse tomar essas decisões!"

VOCÊ AINDA ESTÁ HESITANDO OU JÁ COMEÇOU A AGIR?

E você, meu caro leitor, quantas vezes já se encontrou em uma situação em que pensou: "Alguém precisa realmente fazer alguma coisa sobre isso"? Quantas vezes você gostaria de ter mudado algo, mas confiou em outra pessoa para fazer isso? Quantas vezes ficou insatisfeito com uma determinada área de sua vida, mas hesitou por tanto tempo que, no fim, tudo permaneceu exatamente igual? Confie em mim, conheço muito bem esse comportamento por causa do meu próprio passado. Eu era um especialista em passar responsabilidades para outras pessoas, e esperava que elas tomassem as decisões certas por mim. Porém, um dia percebi aonde isso tinha me levado, a uma vida caracterizada pela influência externa e pelo descontentamento. De forma alguma foi fácil me libertar desse padrão de comportamento e assumir total responsabilidade por todas as minhas ideias, decisões e ações.

Como eu sei do que estou falando, este livro é sobre um assunto que gosto muito. Minha profissão atual como orador e coach de mudança me dá o privilégio de trabalhar com vários tipos de pessoas e, além do status social, econômico e hierárquico, há uma coisa que eu observo quase diariamente. Com uma paz de espírito fatalista, a maioria das pessoas depende dos outros para lhes mostrar o caminho e tomar as decisões necessárias para elas; tudo por causa da crença errada, mas amplamente divulgada, de que você precisa de um título, dinheiro ou permissão para iniciar mudanças com sucesso. No entanto, essa forma de pensar tem graves consequências porque, lentamente, você se esquece de como assumir a responsabilidade, mudar ativamente e usar ao máximo o próprio potencial. Fico com o coração partido ao encontrar pessoas que têm talentos únicos, habilidades incríveis e que são abençoadas com uma criatividade admirável, mas que simplesmente deixam esses dons serem desperdiçados.

Caso pense que existem apenas alguns que são privilegiados o suficiente para ter esse tipo de dom, então eu gostaria de compartilhar uma das minhas crenças mais profundas. Dentro de cada pessoa, está adormecido um enorme potencial que está apenas à espera de ser revelado e usado. E não importa em que profissão você esteja atualmente, que título tenha ou de que ponto esteja partindo. Também não importa se você é um empresário de sucesso ou uma dona de casa e mãe. A única coisa que importa é se você está pronto para continuar evoluindo. O mundo está esperando para ser transformado, e especificamente por você. "Mas Ilja", você pode protestar, "como posso mudar meu negócio, meu ambiente ou mesmo o mundo? Não consigo nem mesmo organizar meu dia a dia corretamente. Além disso, não tenho contatos, poder ou dinheiro suficientes."

Acredite, eu posso entender essas objeções porque as ouço quase todos os dias. Porém, há muito tempo decidi não aceitar mais essas desculpas. Isso porque, mesmo que você sempre tenha escutado que as pessoas que movem o mundo têm habilidades extraordinárias, esse fato não poderia estar mais longe da verdade. Muito pelo contrário, são sempre pessoas como você que, constantemente, deixam as maiores marcas no universo. São pessoas como você que fazem a diferença com suas ideias e inovações. São pessoas como você que fazem do mundo um lugar melhor todos os dias por meio de suas decisões e ações. Então comece a fazer isso e pare de esperar que seu chefe, seus colegas ou seu ambiente social lhe deem permissão. Tudo do que precisa para despertar sua motivação pessoal para mudar você já carrega dentro de si. Duvida dessa afirmação? Vamos olhar juntos os próximos fatores, que ninguém além de você pode influenciar.

DEZ COISAS QUE VOCÊ PODE INFLUENCIAR ATÉ EM CIRCUNSTÂNCIAS DIFÍCEIS

1. Você pode viver com uma atitude positiva todos os dias.
2. Você pode ser um exemplo para outras pessoas todos os dias por meio de seus pensamentos, suas decisões e suas ações.
3. Você pode realizar seu trabalho com paixão, ambição e motivação todos os dias.
4. Você pode trabalhar em seu desenvolvimento pessoal todos os dias.
5. Você pode aproveitar todos os seus dias para sonhar alto e fazer escolhas ousadas.
6. Você pode fazer outras pessoas felizes todos os dias.

7. Você pode garantir que seus pares, clientes e colegas de trabalho sigam sua liderança estabelecendo altos padrões e expectativas.
8. Você pode fazer tudo, todos os dias, para ser melhor do que ontem.
9. Você pode dar mais um passo no caminho para a grandeza todos os dias.
10. Você pode usar seus talentos, suas habilidades e suas experiências todos os dias para se superar.

Está vendo o que eu quero dizer? Você não precisa de um título, de dinheiro ou da permissão de outras pessoas para fazer essas coisas. Tudo depende de você, mas ninguém espera que salve o mundo inteiro imediatamente. Não, você deve começar por si mesmo, em seu local de trabalho, em sua família e em seu entorno. Uma das minhas citações favoritas é de Madre Teresa, que uma vez disse: "Se cada um de nós limpasse apenas a própria porta, o mundo estaria limpo." Essa senhora notável está certa. A mudança começa sempre no interior e depois vem à luz por meio de nossas ações.

Se você internalizou essa regra básica, um mundo totalmente novo vai se abrir em sua frente. Circunstâncias e eventos externos ou outras pessoas não são o ponto de partida das mudanças em sua vida. Se quer ser, fazer ou ter algo diferente, a origem sempre está no interior. Você tem que ser a faísca que acende o grande fogo da mudança. E é exatamente por isso que este livro tem o título *Pense, faça, mude*. Não importa o que você quer mudar, não espere pelos outros, mas sempre dê o exemplo, porque seu desenvolvimento pessoal e seus resultados externos estão entrelaçados. Eles seguem uma ordem clara, que, mais uma vez, vou resumir em dez aspectos.

DEZ ATITUDES DE SUCESSO QUE COMEÇAM POR DENTRO

1. Se você crescer como pessoa, sua qualidade de vida também crescerá.
2. Se você ajudar a si mesmo, também poderá ajudar os outros.

3. Se você se preocupar consigo mesmo, também poderá se preocupar com os outros.
4. Se você estiver motivado, poderá motivar os outros também.
5. Se você se tornar a melhor versão de si mesmo, também poderá desenvolver o potencial dos outros.
6. Se você estiver inspirado, também poderá inspirar outras pessoas.
7. Se você se concentrar nas chances e oportunidades, seu ambiente também poderá se tornar mais positivo.
8. Se você gostar de si mesmo, também gostará das pessoas ao seu redor.
9. Se você se erguer, também poderá erguer um negócio de sucesso.
10. Se você mudar a si mesmo, também poderá mudar o mundo.

Existem muitos presentes maravilhosos adormecidos dentro de você, esperando para serem exaltados e utilizados. Se você quiser, pode começar imediatamente. Tudo o que precisa para isso é uma decisão, o compromisso incondicional de assumir imediatamente a responsabilidade por seus resultados, sua carreira e sua vida e, antes que você perceba, vai desencadear um gigantesco efeito dominó que será transferido para seus colegas de trabalho e clientes. Isso acontecerá quando você parar de esperar e seguir em frente com ousadia, agindo como um líder. Quando parar de esperar dos outros aquilo que não estaria disposto a fazer você mesmo; quando deixar suas ações falarem mais alto do que suas palavras; quando mudar a si mesmo primeiro; observe como tudo a seu redor também começará a mudar.

MUDE, ANTES DE SER MUDADO

Em meu livro *Die Veränderungs-Formel: Aus Problemen Chancen machen* (*A fórmula da mudança: transformando problemas em oportunidades*, em tradução livre), apresento a teoria de que o manejo bem-sucedido da mudança cada vez mais acelerada vai ser a competência-chave do futuro. Desde a sua publicação, já se passou algum tempo e uma olhada em um jornal de sua escolha (ou na versão on-line, se preferir) é suficiente para ver o quanto minha declaração acertou o alvo. A sociedade está mudando, o mundo está girando mais rápido e a transformação permanente tornou-se uma companheira diária. As regras mudaram e os valores também. O que era o padrão de ontem pode estar ultrapassado hoje.

Como palestrante e coach de mudanças, trabalho com as mais diversas empresas e indústrias, e há sempre uma pergunta que me fazem: "Ilja, as mudanças não param, mas já nos reestruturamos centenas de vezes. Quando tudo vai voltar ao normal?" Em geral, dou a seguinte resposta: "Mas e se for assim? E se a transformação constante se tornou o novo normal há muito tempo? A questão hoje não é *se* você foi afetado pela mudança, mas sim o quanto está preparado e como lida com ela."

É nesse ponto que começa a ficar interessante. Em vez de fazer as mudanças necessárias, muitas pessoas se especializaram em esperar pelo momento perfeito. Ao fazer isso, elas perdem a oportunidade de levar sua carreira para o próximo nível, melhorando a atmosfera em seu local de trabalho ou fazendo um sonho antigo se tornar realidade. As empresas ainda não se ajustaram às condições que vivem se modificando. Em alguns casos, tenho até a impressão de que algumas organizações pararam mentalmente no ponto em que estavam há mais de trinta anos. Na prática, essas estruturas cristalizadas são frequentemente refletidas por um pensamento hierárquico, uma liderança rigorosa de cima para baixo e, por causa disso, uma grande e inevitável quantidade de burocracia. O pensamento é simples. No geral, quanto mais longo e exótico for o título listado no cartão de visita do gerente, mais poder ele tem. Porém, essa mentalidade faz com que os caminhos para as tomadas de decisão sejam longos, que as responsabilidades sejam delegadas de baixo para cima e que as mudanças demorem muito tempo para acontecer ou nunca aconteçam.

No dia a dia dos negócios, isso tem sérias consequências. Se os executivos não tomarem alguma decisão, nada acontecerá. O resultado disso? Lentamente, começa a se desenvolver uma cultura de apatia, na qual você se acomoda, espera e confia em outra pessoa para consertar as coisas. Antes que perceba, você tem um dilema. Você vai abrindo mão de sua responsabilidade pessoal aos poucos, a partir do momento em que se estabelece a crença de que as mudanças sem uma instrução oficial são impossíveis de serem feitas. Você esquece que tem a capacidade de tomar as próprias decisões, questionar desenvolvimentos estratégicos e mudar a si mesmo. Prefere se queixar (geralmente em voz alta) dos clientes exigentes, dos colegas preguiçosos ou das circunstâncias externas, em vez de tomar as medidas necessárias para iniciar as mudanças.

Percebi que isso pode ser diferente há pouco tempo, quando voltei a Berlim depois de uma reunião de negócios em Frankfurt. Se você também viaja com alguma frequência, sabe que, às vezes, pode dar muita sorte com a pessoa que se senta ao seu lado. Ênfase no *às vezes*. Nesse dia em particular, eu queria terminar um trabalho, então, logo após o embarque, abri meu MacBook Air com a intenção de escrever mais algumas páginas para meu novo livro durante o voo. Era um sinal claro para o mundo exterior: quero ser deixado em paz. Porém, a pessoa sentada ao meu lado não se importou, e começou a falar comigo antes mesmo do avião decolar. "Então, você também está indo para Berlim?" Tive vontade de responder: "Não, vou saltar em Hannover!" Mas a conversa já tinha começado e falamos sobre sua situação de trabalho durante quase todo o voo. Ele era gerente de uma empresa que passava por um intenso processo de mudança. Sua atitude realmente me impressionou, porque ele disse: "Sabe, sr. Grzeskowitz, nossa situação desafiadora não é nada fácil, mas o que eu penso é o seguinte: mesmo que as circunstâncias sejam difíceis, há coisas que posso controlar e há coisas que não posso controlar. E decidi me concentrar, exclusivamente, na primeira categoria".

É impressionante, não é? Poderia dizer a mesma coisa sobre você se eu lhe perguntasse qual é seu foco normalmente? Na verdade, a escolha de foco é geralmente bastante óbvia. De qualquer maneira, você não pode controlar o que acontece ao seu redor. Não pode controlar a economia em mudança, o que a concorrência está fazendo ou como seu cônjuge está agindo. Basta ver essas circunstâncias externas como um dado adquirido.

No entanto, você pode controlar como reage a elas a qualquer momento, e toda sua energia deve ser usada exatamente para isso, para as coisas que você *pode* mudar. Essa mudança por si só lhe dá um grande poder, que você deve aplicar conscientemente sempre que conseguir.

Aqui está um exemplo prático. Há alguns anos, passei as minhas férias em Huntington Beach. A cidade está localizada ao sul de Los Angeles e é conhecida por duas coisas: a lenda do futebol Jürgen Klinsmann vive lá e suas praias são consideradas a meca do surf nos Estados Unidos. E os surfistas locais têm um ótimo slogan: "Você não pode parar as ondas, mas pode aprender a surfá-las."

Essa é exatamente a mentalidade de que estou falando. Não importa o quão desafiadora a situação possa parecer, você sempre tem uma escolha. Quer você se torne parte do problema ou comece a se concentrar em uma possível solução. Quer se sinta vítima de circunstâncias externas ou assuma a responsabilidade. Quer mude de maneira ativa ou espere passivamente para ver o que acontece ao seu redor. No entanto, o que a maioria das pessoas faz? Elas esperam, esperam e esperam, e só depois começam a agir, quando as circunstâncias exteriores as obrigam a fazê-lo. E, de repente, a mudança chegou, quer você queira ou não. Então, confesse para mim, já esteve alguma vez em uma situação em que pensou "quem me dera ter tomado uma atitude mais cedo"?

Conheço bem essa sensação, embora quisesse não conhecê-la. No ano passado, duas casas em nosso bairro foram assaltadas. Então minha mulher me disse: "Definitivamente precisamos de um sistema de alarme."

Eu respondi: "Não, se alguém quiser invadir a casa, um sistema de alarme não o deterá".

Ela disse: "Precisamos de um".

Eu contra-argumentei: "Não, não precisamos".

Ela disse: "Precisamos".

Eu disse: "Não".

Você conhece esse jogo de pingue-pongue em um relacionamento, não conhece? Provavelmente isso teria continuado para sempre se eu não soubesse o grande segredo para um relacionamento bom e duradouro. O homem tem que ter sempre as últimas palavras em qualquer desacordo: "Sim, querida."

Então, duas semanas depois, foi instalado um sistema de alarme. Desde aquele dia não temos mais fechadura e, em vez de chaves, estamos usando chips programáveis. O sistema é controlado por um computador que fica em meu escritório. Ele é fantástico. Capaz de programar os sensores de movimento, ativar a si próprio, desativar quando necessário e até ligar para meu celular se um alarme for acionado. Bem complexo. O técnico até perguntou, após a instalação: "Você quer que eu explique como se usa?"

Bem, talvez você saiba que existem quatro fases clássicas de mudança: supressão, resistência, aceitação e compromisso. Naquele momento, eu me encontrava bem no meio da segunda fase. Com uma grande resistência. E, por isso, respondi: "Não, não é necessário." Porque, em primeiro lugar, não era eu quem queria o sistema e, em segundo lugar, o quão difícil aquilo poderia ser? Depois dessa afirmação ousada, disparei o alarme com meu chip várias vezes nos três dias seguintes. E toda vez minha mulher tinha que desarmar o sistema.

Visivelmente aborrecida, ela disse: "Olha, Ilja, estou ficando irritada. Você nem está tentando. E não é assim tão difícil. Se a luz vermelha está piscando, significa que o sistema está armado. Verde, significa que não está. E, se o alarme disparar, basta digitar sua senha de quatro dígitos para desarmá-lo. Você memorizou os números?"

Claro que não tinha memorizado. Mesmo assim, eu disse novamente: "Sim, querida."

Se você não mudar ativamente, vai ser forçado a mudar em algum momento. E não sei se foi por acaso ou pelo destino, mas alguns dias depois minha mulher viajou com as crianças para a festa de aniversário do meu sogro durante o fim de semana. Eu não fui com eles porque fiz um discurso de abertura na Suíça naquele dia e voltei para casa muito tarde. Após uma viagem estressante de volta a Berlim, estava ansioso por minha confortável cama e, provavelmente, teria dormido por doze horas ininterruptas se não tivesse sido acordado por um sinal sonoro suspeito às quatro da manhã. E eu soube imediatamente: era aquele estúpido sistema de alarme.

Então fui ver o que estava acontecendo. Como a casa toda estava escura, apertei o interruptor de luz no corredor. Nada aconteceu. Voltei para o quarto e tentei o interruptor de lá. Mais uma vez, nada. Nenhum interruptor estava funcionando. Em meu desespero, abri o aplicativo de lanterna em meu iPhone e fui até a caixa de fusíveis. Estava tudo bem. Todos estavam no lugar. Lentamente, comecei a me sentir um pouco desconfortável. Olhei lá para fora. Nenhuma luz da rua estava acesa. Não havia luzes nas janelas. A rua inteira estava escura. A sensação de desconforto aumentou, e o sistema de alarme ainda estava apitando. Usando meu iPhone como lanterna, fui até o computador no escritório e comecei a apertar botões aleatoriamente. E eu devo ter apertado os botões certos, porque, de repente, tudo ficou calmo. Estava prestes a me parabenizar quando ouvi uma voz distorcida saindo do computador: "O sistema de alarme foi ativado". Três segundos depois, disparei o alarme com um dos sensores de movimento.

Agora, por favor, imagine um som de alarme ensurdecedor somado à escuridão total. Eu estava prestes a entrar em pânico quando meu iPhone começou a tocar. Atendi e ouvi uma mensagem gravada: "Um alarme foi disparado. Para confirmar, por favor pressione nove." Mas eu não tinha tempo porque tinha que desligar o alarme. Então, voltei ao computador. E o que estava escrito na tela em letras grandes e brilhantes? "Por favor, insira sua senha de quatro dígitos." Naquele momento, tive o pensamento decisivo — "Por que não agi mais cedo?" —, mas era tarde demais. Então, me concentrei. Qual era a senha? Eu sabia que tinha a ver com um aniversário. Introduzi quatro números: 3175. Nada. 7513. Nada outra vez. Tentei todas as variações. Nada. O alarme não desarmava.

O que eu poderia fazer? Mesmo estando suficientemente envergonhado, peguei meu iPhone e disquei o número do celular da minha esposa. Após o que pareceu uma eternidade, a chamada foi atendida... pela secretária eletrônica dela. Agora só restava uma outra opção. Às 4h30 da manhã, liguei para o número da casa dos meus sogros e, depois de um sermão, eu sabia a minha senha novamente. Inseri os quatro números, e tudo ficou em silêncio mais uma vez. Eu tinha sobrevivido.

Como você lida com a mudança, caro leitor? Você está mudando ativamente ou prefere esperar pelo momento perfeito e torcer para que tenha sorte? Hoje, sou capaz de rir dessa história, mas, naquele momento, aprendi algo muito importante. Esteja sempre preparado e concentre-se nas chances e oportunidades, porque, se não mudar ativamente, vai ser forçado a mudar em algum momento. E é por isso que quero convidá-lo a deixar para trás os tempos de espera passiva, de uma vez por todas. Defina você mesmo a senha para sua vida. Esteja um passo à frente das mudanças. Isso começa com a decisão de assumir a responsabilidade, mesmo que esse não seja o caminho mais fácil. Tome a decisão consciente de se olhar no espelho e dizer: "Não importa onde estou hoje, não importa o quão satisfeito ou insatisfeito estou com os meus resultados, se eu não gostar de alguma coisa, só eu posso mudá-la."

Quando o público, durante meus discursos, ouve essa frase pela primeira vez, normalmente recebo acenos de aprovação. Porém, por favor, não se deixe enganar. Ainda que a filosofia por trás disso seja fácil de entender, a aplicação prática é um assunto totalmente diferente. Muitas pessoas realmente se esforçam e não desejam nada mais do que se libertar das correntes da dependência. Elas sonham em criar o próprio local de trabalho, o próprio ambiente pessoal e o próprio futuro. Muitas vezes só o que falta é a crença de que tal mentalidade é adequada para o dia a dia, porque desde nossa infância, somos convencidos do conceito de que as mudanças são sempre algo que as outras pessoas iniciam.

Na escola, nossas crianças são ensinadas a se adaptarem o mais rapidamente possível. Em filas certinhas, elas se sentam atrás das mesas, crescendo com planos de aula que não são atualizados há anos e aprendendo da maneira difícil que não há espaço para individualidade, criatividade e responsabilidade pessoal na sala de aula. Antes que percebamos, essa maneira de aprender é profundamente martelada em nossas mentes e confiamos nos outros para tomar as decisões certas por nós; primeiro, nossos professores, depois, nossos chefes e, no fim, o Estado, como uma babá que cuida de tudo. Os títulos oficiais, o poder e as posições hierárquicas tornaram-se falsos deuses que admiramos e com os quais contamos. Ficamos em nossa bolha protegida, tornamo--nos uma boa ovelha no meio do rebanho e funcionamos de acordo com as exigências, expectativas e regras dos outros.

Entretanto, se todos esperam que *outra pessoa* tome conta das coisas, o impasse é iminente. Chegou o momento de sair desse ciclo vicioso e dar o exemplo. Pare de esperar pelos outros e comece a mudar ativamente. Crie a própria carreira, o próprio negócio e o próprio mundo com sua personalidade. É óbvio que não é um obstáculo se você tem um título ou uma posição que lhe dá poder e uma certa liberdade para agir. Nesse caso, você tem uma responsabilidade ainda maior de ser um exemplo para aqueles à sua volta. Porém, isso não é uma necessidade. Um cargo como executivo ou empresário só lhe dá o privilégio de aplicar cientificamente a filosofia deste livro. No entanto, ela também funciona sem ele.

O FIM DAS DESCULPAS

Vivemos em tempos empolgantes. Nunca foi tão fácil ser bem-sucedido. E nunca foi tão difícil se adaptar à mudança cada vez mais rápida. Por essa razão, muitas pessoas preferem "não se arriscar". Elas preferem esperar e se esconder atrás de regras, estruturas hierárquicas e da expressão mais famosa quando se trata de resistir à mudança: "Nunca fizemos isso desta maneira!" Antes que você se dê conta, acomodou-se um pouco mais em sua zona de conforto e continua administrando seu amado status quo dia após dia. No entanto, para começar a implementar mudanças ativamente, é necessário que você supere suas próprias conveniências e comece a se concentrar nas enormes chances e oportunidades que existem em cada uma delas.

Isso significa que a partir de agora você deve esquecer todos os seus problemas? Não, muito pelo contrário. Você deve entender um fato muito rapidamente. O mundo não é justo e a vida certamente não é sempre fácil. Há muitos obstáculos que se interpõem em seu caminho, que o desafiam todos os dias e o testam para ver o quanto você leva a sério seus objetivos e sonhos. Quem me dera fosse diferente, mas é assim que acontece. Esse é um dos fatos que geralmente não podemos mudar. Então vamos nos concentrar em coisas sobre as quais temos influência. E há muitas delas.

Se você leu meus livros anteriores, então sabe que estou convencido de que a vida é como preto no branco. Pode-se mudar ou permanecer do jeito que está. Você pode decidir a favor ou contra alguma coisa. Pode assumir responsabilidade ou tornar-se vítima de circunstâncias externas. Acredito muito pouco nessas áreas cinzentas, e isso é um efeito secundário inevitável do meu próprio processo de desenvolvimento pessoal. Quanto mais você pensar e agir como um changemaker, menos terá o desejo de lidar com o habitual vai e vem das coisas. Em vez disso, você vai passar a gostar imediatamente do sentimento de satisfação, que inevitavelmente experimentará à medida que se comprometer mais com tudo.

O caminho que temos diante de nós começa com tal decisão. Especialmente quando as circunstâncias externas são difíceis, a estrada é dura e o risco é alto; você está em uma encruzilhada fundamental. Você se entrega à passividade e procura desculpas e razões pelas quais não pode mudar ou toma coragem e se torna um changemaker que ativamente muda a si mesmo e seu ambiente? Você assume a responsabilidade, mesmo quando o destino não parece ser tão bom? Compromete-se com seus objetivos e sonhos, mesmo que o caminho esteja cheio de obstáculos? Toma decisões corajosas, mesmo que o risco seja alto? Ao escrever estas linhas, estou bem ciente de como essas declarações parecem fracas quando são escritas no papel. Porém, não se engane, porque o impacto prático não poderia ser maior. Essa decisão, seja você alguém que hesita ou alguém que se compromete, vai definir o curso de seu futuro, tanto no campo profissional como no pessoal.

A escolha óbvia é a supostamente mais fácil. Você decide tomar o caminho da menor resistência, e faz o que todos os outros fazem. Você fica muito confortável em sua zona de conforto e se conforma com o fato de que as circunstâncias são difíceis e as perspectivas futuras, sombrias. E, só para ter certeza, também se convence de que nada funciona sem um título, dinheiro ou sem a permissão de outras pessoas. Essa é uma situação que se justifica com as várias desculpas que você usa para se convencer de que ficar em sua zona de conforto é a coisa certa a ser feita.

Se você passar pela vida de olhos abertos, logo perceberá o quão coloridas podem ser as variações das desculpas. Às vezes elas são formuladas de uma maneira muito ampla, às vezes são dissimuladas e muito sutis. E você vai observar que as pessoas vão mostrar uma intensa criatividade quando se trata de arranjar uma desculpa para impedir uma implementação. Um mentor, na época em que eu trabalhava no varejo, há muitos anos, disse: "Grzeskowitz, lembre-se de uma coisa, você será capaz de aplicá-la durante toda a sua vida. Quem não quer fazer algo vai procurar desculpas e razões pelas quais isso não vai dar certo. Aqueles que realmente querem algo sempre vão encontrar uma solução." E ele estava certo. Eu tenho o privilégio de estar trabalhando com mudanças diferentes em pessoas, organizações e empresas todos os dias. Os temas são muito difusos, mas uma coisa permanece sempre a mesma: o caminho das desculpas.

É claro que essas pessoas nunca admitiriam que estão usando desculpas para justificar sua vida passiva na zona de conforto e para limpar sua consciência. Em vez disso, elas falam em ser realistas, afirmam que as coisas são como são, ou que simplesmente não têm a mesma sorte que as outras pessoas. Porém, no fim das contas, essas cortinas de fumaça verbais não são mais do que desculpas para não agir e para não fazer as mudanças necessárias. Como posso ter tanta certeza sobre isso? Por que posso afirmar isso tão distintamente? É simples. Eu próprio já usei a maioria dessas desculpas. Não só uma vez, mas ao longo de muitos, muitos anos. Durante o meu trabalho como orador, treinador motivacional e coach de gestão de mudanças, continuo ouvindo variações e formas diferentes delas. Mesmo quando nada parece funcionar mais, há sempre tempo para uma desculpa polida no fim.

O grande dilema é que a maioria das pessoas já nem percebe quando está usando uma das desculpas típicas. Elas já disseram essas coisas tantas vezes para si mesmas, que, a certa altura, começam a aceitá-las como uma verdade profunda e inabalável. E isso acontece muito depressa. Até eu me pego, às vezes, querendo chegar a uma desculpa clássica durante uma ideia, uma discussão ou uma próxima mudança. Felizmente, também pratico a capacidade de pensamento crítico, por isso costumo notar quando isso acontece. Então faço a escolha consciente de assumir total responsabilidade.

A chave para a transformação de uma atitude hesitante em uma mentalidade *pense, faça, mude* é a consciência do status quo. Só se você souber quantas vezes arranja desculpas em vez de fazer algo é que será capaz de mudar alguma coisa. Então, neste momento, gostaria de convidá-lo a olhar honestamente para o espelho e verificar quantas vezes você cai na armadilha mental de dizer "Nós sempre fizemos desta maneira, por que eu deveria mudar alguma coisa?", em vez de assumir a responsabilidade. E acredite em mim, as desculpas estão à espreita por todo lado. Na maioria das vezes, parecem tão inofensivas e familiares que já nem as percebemos.

Porém, elas estão presentes. Todos os dias. Em quase todas as situações da vida. No ano passado, pedi aos leitores de meu blog para me ajudarem a começar a maior coleção de desculpas do mundo. Atualmente, a lista contém quase duzentas e seria ótimo se ela pudesse crescer ainda mais. (Aguardo ansiosamente suas melhores desculpas em: www.grzeskowitz.de/das-ende-der-ausreden-einmanifest/.) Lendo os comentários dos meus leitores, tornou-se evidente como frequentemente encontro certo tipo de desculpa em meu cotidiano e o quanto as pessoas se inibem com elas e sabotam o próprio sucesso. Para lhe dar uma pequena amostra disso, gostaria de apresentar minhas dez desculpas mais comuns.

AS DEZ DESCULPAS MAIS COMUNS QUE VOCÊ USA COTIDIANAMENTE

1. Não tenho dinheiro.
2. Sou muito jovem/velho/pequeno/grande/etc.
3. Isto está acontecendo depressa/lentamente demais para mim.
4. Não tenho tempo.
5. Nunca fizemos isso desta maneira.
6. Não tenho talento.

7. Estou ciente disso/eu sei disso/eu já sei como fazer isso.
8. Sim, mas...
9. Não é assim tão fácil.
10. Isso nunca vai funcionar.

Você já ouviu alguma antes? Talvez até as tenha usado você mesmo. Não se preocupe, todos nós usamos uma ou outra desculpa com regularidade. É muito mais importante que você tome consciência do tipo de impacto que elas têm, porque a verdade é que as desculpas são usadas para que você não tenha que tomar medidas ou decisões e possa continuar mantendo o status quo. Elas o encorajam a continuar à espera do momento certo. Aquele instante especial, quando tudo estará certo. No entanto, esse momento nunca chegará porque algo está sempre errado.

Portanto, antes de tomar uma decisão importante, você precisa ter uma coisa absolutamente clara: o momento perfeito não existe. Você estará sempre agindo em uma situação em que não está perfeitamente preparado e lhe falta conhecimento, habilidade ou informação. E isso é o trágico da hesitação. Estamos apenas à espera dessas circunstâncias perfeitas que só existem na teoria, e que nunca vamos obter. Os resultados: esperar, adiar as coisas, encontrar desculpas. Quanto mais cômoda você torna sua zona de conforto, mais difícil fica obter os resultados que você quer. E isso é trágico. Assim como o ex-presidente alemão Gustav Heinemann declarou há mais de setenta anos: "Quem não estiver disposto a mudar as coisas, no fim, também perderá o que tentou manter."

Pare de esperar e tome a decisão consciente de declarar um fim a todas essas desculpas. Com cada uma que deixa de usar, você ganha de volta uma parte de sua responsabilidade pessoal e diz adeus à mentalidade de vítima que é tão prevalecente hoje em dia. Isso pode não ser familiar em um primeiro momento, e às vezes é até difícil, porque quanto mais independente você se tornar das circunstâncias externas, mais perto vai chegar de seus limites pessoais. Isso é uma coisa boa, porque você só pode crescer e melhorar quando está no limite entre o sucesso e o fracasso. E ninguém está pedindo para você se comportar como um robô e desligar todas as suas emoções.

Sempre que se está em uma situação em que tudo parece ir contra você, é totalmente humano ficar triste, enfurecido ou frustrado. Você deve permitir que esses sentimentos se manifestem e deve compreendê-los. O importante não é ficar preso a um turbilhão de negatividade, mas sim, começar a olhar para o futuro novamente e se perguntar que lição a vida quer que você aprenda naquele momento. Seja fiel ao lema: "nunca desista!" Você está pronto para o fim das desculpas? Fantástico, mas saiba que acabou de abrir a caixa de Pandora. Uma vez experimentado o precioso néctar da responsabilidade pessoal, você não vai querer provar mais nada.

A MENTALIDADE PENSE, FAÇA, MUDE

Era uma vez um homem solteiro de quarenta anos que ainda vivia com seu pai. Uma noite, durante o jantar, o pai fez um anúncio. Ele disse: "Ouça, filho, estou doente. Não me sinto bem e o meu tempo está se esgotando. Talvez ainda tenha mais três ou quatro anos. Você é a única pessoa que eu tenho. Quando eu morrer, você herdará minha empresa e meus bens, no valor de cem milhões de dólares."

Então o filho decidiu arranjar uma esposa com quem pudesse compartilhar sua futura riqueza. Um dia, no aeroporto, durante uma viagem de negócios, ele conheceu a mulher mais bonita que já tinha visto. Ela era tão incrível que quase lhe tirou o fôlego, mas com coragem o homem se aproximou dela e disse: "Minha senhora, posso parecer um homem comum, mas meu pai morrerá em três ou quatro anos, e então herdarei a empresa dele e também seus bens na quantia de cem milhões de dólares. Aqui está o meu cartão de visita."

Com um misterioso sorriso, a mulher pegou o cartão e saiu. Porém, antes de chegar à porta, virou-se e disse apenas uma frase. "Nós nos veremos novamente." E ela cumpriu sua palavra. No dia seguinte, a moça tornou-se sua madrasta.

Não sei você, mas eu rio com essa anedota. Mesmo assim, há um ponto muito sério nessa história. A mensagem é clara. Não espere até que seja tarde demais, mas agarre as oportunidades quando elas se apresentarem. Infelizmente, isso é muitas vezes bloqueado pela doença número um, que se propaga rapidamente. O que eu quero dizer? Estou falando da famosa procrastinação. Os sintomas são sempre os mesmos. Em vez de iniciar a mudança, você prefere esperar e se justificar com várias desculpas. E depois espera. E espera ainda mais. Até outra pessoa ter aproveitado a oportunidade.

Dizer adeus a essa atitude hesitante de "esperar para ver" e declarar o fim das desculpas é, portanto, um passo muito importante, mas está longe de ser suficiente. Você precisa de uma alternativa ao seu antigo comportamento, a mentalidade *pense, faça, mude*, que se concentra no reconhecimento de chances, no aproveitamento de oportunidades e na implementação de mudanças. Pode levar algum tempo até que você se livre dos velhos problemas e condicionamentos, mas vale a pena. E o treino é muito simples. Substitua o antigo reflexo por um novo. Diante das coisas em que você costumava hesitar, duvidar e buscar uma boa desculpa, pare por um momento e pense ou diga, muito conscientemente: "Faça!" Precisa de algumas sugestões?

NÃO ESPERE, FAÇA!

- Não espere até que seu chefe lhe peça, faça mais pelo cliente nesse momento. "Faça!"
- Não espere que um colega de trabalho cuide de algo, assuma você mesmo a tarefa. "Faça!"
- Não espere que seus clientes o encontrem, pegue no telefone e entre em contato. "Faça!"
- Não espere até o Ano-Novo para mudar seus hábitos, comece hoje. "Faça!"
- Não espere até que outras pessoas se aproximem de você em situações de conflito. Tome você mesmo a iniciativa. "Faça!"
- Não espere pelo momento perfeito, tome medidas agora. "Faça!"

- Não espere até ter um título, dinheiro suficiente ou a permissão dos outros. Comece a mudar sua vida hoje. "Faça!"
- Não espere eternamente, diga em alto e bom som: "Eu vou fazer isso!"

Essa é a mentalidade *pense, faça, mude* que o transformará do campeão mundial das desculpas para o campeão mundial da ação. É o que se pode fazer para substituir a hesitação pela ação. Essa é a mentalidade que o manterá ao volante do negócio e tornará possível criar sua carreira, seus relacionamentos e sua vida de acordo com suas próprias visões. Nos capítulos seguintes veremos os ingredientes mais importantes que você precisará para integrar a mentalidade *pense, faça, mude* à sua vida diária.

Em primeiro lugar, a motivação certa o ajudará a não ter que pensar constantemente em seu futuro, mas sim, a se concentrar em usar as próximas mudanças para crescer e melhorar como pessoa. A seguir, andaremos pela jornada do changemaker e desenvolveremos estratégias que o farão superar dúvidas, inseguranças e medo da mudança — e começar a tomar decisões corajosas. Você aprenderá por que o renascimento desses valores lhe dará um poderoso sistema para guiar a sua vida, que, juntamente com as intenções certas, transformará você na melhor versão de si mesmo. Com base nesses princípios, vamos olhar para a palavra que tem o potencial de mudar sua vida e entender por que Nova York está, às vezes, bem ali na esquina.

Cada bloco de construção da mentalidade *pense, faça, mude* está ligado por um tema em comum: a decisão irrefutável de assumir plena responsabilidade por sua carreira, sua satisfação e sua qualidade de vida. A decisão de não confiar mais em outras pessoas para lhe dizer o que você deve pensar, fazer ou mudar, mas agir por conta própria. A escolha de não esperar mais pelo momento perfeito, mas fazer do título deste livro seu mantra diário: *pense, faça, mude.*

Parece interessante? Você não precisa de talento único, conhecimento especial ou habilidades extraordinárias para implementar tudo isso. Muito mais importante é ter uma alta prontidão operacional e a constante vontade de dar apenas um pouco mais do que é absolutamente necessário. Porém, por favor, permita-me uma breve, mas muito importante observação. Só de ler este livro, você não vai passar de hesitar para agir. Essa é uma estrada pedregosa que requer trabalho árduo da sua parte, assim como coragem e empenho, mas cada passo vale esses esforços. Vai funcionar em todos os casos? Eu não poderia responder isso tão bem quanto Clint Eastwood, que uma vez disse: "Se você quer uma garantia, compre uma torradeira."

Você está pronto? Ótimo, porque, assim que parar de esperar, vai influenciar positivamente não só sua própria vida, mas também sua empresa, sua família e seu ambiente com essa personalidade. Você pode começar imediatamente. O mais provável é que já tenha lido um livro ou dois como este antes e esteja habituado a exercícios, tarefas e questionários esperando por você, o leitor, à medida que vai avançando. Eu não incluí isso de propósito. Por um lado, sei que quase ninguém realmente completa essas tarefas (estou certo?), e por outro, com isso, você pode dar o primeiro passo em direção à responsabilidade pessoal imediatamente.

Eu recomendo que você faça deste livro seu manual pessoal. Tome notas, dobre algumas páginas, marque partes que são especialmente inspiradoras para você e escreva seus pensamentos o mais frequentemente possível. As palavras escritas não só têm um enorme poder, como também asseguram a clareza necessária e fazem sua criatividade fluir. A leitura lhe permite compreender, mas só a escrita fortalece o esforço em seu desenvolvimento pessoal. Porém, pense nisto: essas sugestões, como qualquer outra ideia neste livro, são apenas uma oferta. Ninguém vai forçar você a segui-las, e ninguém vai controlá-lo. Se não agir por livre e espontânea vontade, nada vai acontecer. E isso também se aplica aqui: se você não conseguir fazer uma coisa, ninguém a fará por você. Por isso, continue a pensar em seu mantra enquanto lê *Pense, faça, mude.*

Em troca de seu compromisso, farei tudo o que estiver ao meu alcance para garantir que você tire o máximo possível desta leitura para sua carreira, seu negócio e seus relacionamentos. Para isso, vou abalar sua zona de conforto o máximo de vezes possível. Vou desafiá-lo com grandes ideias, que farão você experimentar insegurança, dúvida e medo. Cada vez que sentir essas emoções, será um bom sinal, porque isso significa que você está progredindo e está a caminho de crescer como pessoa. Por isso, quero terminar este capítulo com uma citação de Ayn Rand, que eu admiro muito. Ela disse: "A questão não é quem vai me deixar fazer algo, é quem vai me impedir." E esse é um daqueles pensamentos que vale a pena pensar mais intensamente.

RESUMO DO CAPÍTULO

PENSE, FAÇA, MUDE – AS GRANDES IDEIAS DESTE CAPÍTULO

- ✓ Crie ativamente a mudança, em vez de esperar passivamente.
- ✓ Uma mudança bem-sucedida não está sujeita a um título, ao dinheiro ou à permissão de outras pessoas.
- ✓ Não espere pelo momento perfeito, apenas comece.
- ✓ Concentre-se exclusivamente nas coisas que você pode controlar.
- ✓ Mude, antes de ser mudado.
- ✓ Defina a senha para sua vida.
- ✓ Esteja sempre preparado e concentre-se nas oportunidades e possibilidades.
- ✓ Assuma responsabilidade total por sua vida.
- ✓ Declare o fim das desculpas.
- ✓ Deixe que a mentalidade *pense, faça, mude* seja o guia da sua vida.
- ✓ Diga "Vou fazer isso!" o máximo que puder.

Liberte sua motivação interior para mudar

Por que *tschakka tschakka* é coisa do passado

*"They were hiding behind hay bales. They were planting in the full moon. They had given all they had for something new. But the light of day was on them. They could see the thrashers coming. And the water shone like diamonds in the dew."**

- Neil Young, "Thrasher"

Há alguns anos, fui contratado para prestar uma consultoria de mudança em uma empresa de médio porte. Desde o início, reparei que os executivos tinham aderido ao velho e famoso método de *"esperar para ver"*. Há anos esperavam o momento certo chegar para começar a necessária reestruturação da empresa e estabelecer uma cultura em que a transformação não fosse vista como uma ameaça, mas como a forma mais rápida possível de se ajustar à crescente complexidade que nos rodeia. Devido a esse comportamento, rapidamente acabamos falando sobre a motivação deles, e uma frase me fascinou tanto que

* *"Eles estavam escondidos atrás de fardos de feno, eles estavam plantando na lua cheia. Deram tudo o que tinham por algo novo, mas a luz do dia estava sobre eles. Eles podiam ver os batedores vindo e a água brilhava como diamantes no orvalho."*

não a esqueci até hoje. Um dos gestores de departamento fez a seguinte declaração: "Sabe, sr. Grzeskowitz, já tentamos essa coisa da motivação aqui. Não deu em nada."

Pensei muito sobre essa declaração, porque, sem motivação duradoura, toda mudança está inevitavelmente destinada ao fracasso. O mais curioso é que a maioria das pessoas sabe disso, mas, quando se trata de lidar com o próprio impulso, elas começam a bloqueá-lo, a procurar desculpas ou a reagir com resistência. Por quê? A resposta está em um dilema clássico, porque você pode comparar a motivação certa para a mudança com a inteligência. Todos estão certos de que têm o suficiente, mas o que os outros têm é um atraso substancial. A ciência chama esse fenômeno de "efeito acima da média". Há estudos que mostram que mais de noventa por cento dos entrevistados alegam que sua inteligência está acima da média. No entanto, o senso comum nos diz que essa equação não pode estar certa, não é? Em relação ao nosso assunto, isso conduz ao seguinte dilema: todos querem mudanças, mas ninguém quer *mudar*. Todos estão convencidos de que são altamente motivados, mas que as pessoas ao seu redor precisam melhorar.

Porém, se passarmos regularmente a responsabilidade para os outros, nunca acontecerá nada. É importante que questionemos criticamente nossa atitude. Não sei você, mas às vezes tenho dificuldade em me motivar. Há dias em que não quero fazer contabilidade, não consigo trabalhar em meus livros e prefiro pedir uma pizza a cozinhar algo saudável. E, se eu olhar para o meu trabalho diário com empresas, executivos e gestores, não parece de forma alguma que eu seja o único. Nenhum outro tópico teve tanto tempo, energia e dinheiro investidos nele ao longo dos anos quanto a motivação dos funcionários. Isso não é surpreendente, uma vez que a maioria das empresas já percebeu que ser capaz de gerir a mudança, em tempos de transformações constantes, tornou-se a vantagem competitiva número um do futuro. E, sem a motivação certa, será impossível ajustar-se constantemente às circunstâncias e se reinventar.

Vamos dar uma olhada mais de perto. O que está por trás desse conceito que desempenha um papel tão central na literatura, na economia e, agora, até no esporte? A Wikipédia define a motivação como "o conjunto de motivos que levam a um estado de prontidão". Ou, nas minhas palavras mais simples, "a motivação é o impulso que o leva, mental e fisicamente do ponto A para o ponto B".

Ambas as frases deixam claro: a motivação sempre entra em jogo quando queremos ou quando somos forçados a mudar. Nada acontece por si só. Você precisa de algum tipo de impulso para mudar sua forma de pensar, tomar decisões diferentes e agir de uma maneira distinta. Você precisa da dose certa de motivação para fazer as seguintes coisas:

- Ter uma carreira.
- Enriquecer.
- Manter-se saudável.
- Perder peso.
- Levar uma vida independente.
- Apaixonar-se.
- Falar com seu parceiro dos sonhos.
- Ser bem-sucedido.
- Adquirir novos clientes e manter os já existentes.
- Trabalhar com regularidade.
- Começar o próprio negócio.

Porém, não há nada mais difícil do que lidar com mudanças duradouras e de longo prazo. Se você pensar em suas próprias experiências dos últimos anos, vai perceber que o problema não é a ausência total de motivação. Muito pelo contrário. Muitas vezes começamos com um forte impulso interior, mas, no fim, acabamos desistindo em algum momento ou baixamos as nossas expectativas porque o fogo inicial se apaga rapidamente e é extinto por tarefas rotineiras, pela agitação ou pelas tentações da vida diária. A última dieta, a inscrição na academia ou as resoluções de ano novo se aplicam a isso.

A ciência confirma essa avaliação pessoal. Em 1995, o professor John P. Kotter realizou um amplo estudo com centenas de empresas de vários tamanhos que estavam conduzindo ativamente gestões de mudança.

Ele chegou à seguinte conclusão: setenta por cento de todos os projetos de mudança falharam e não produziram os resultados desejados, ou, formulando de modo fatalista: "Dois em cada três programas de mudança falham." Desde então, quase vinte anos se passaram; a mudança tem aumentado maciçamente e se tornado uma companheira diária. Então, seria lógico pensar que nossa vontade de aceitá-la aumentou, certo? Na verdade, até hoje estudos mostram que setenta por cento de todos os projetos de mudança falham. Alguns até estimam números superiores.

Isso acontece porque as regras antigas deixaram de ser aplicadas há muito tempo. O *timing* das mudanças não cresce em linha reta, mas exponencialmente. Eric Schmidt, antigo CEO do Google, fez uma declaração impressionante em 2011. Ele disse: "Hoje, a humanidade produz tantas ideias, informações e dados em 48 horas quanto produziu desde a Idade da Pedra até 2003."

Por favor, deixe essa frase marinar por um minuto em sua mente. O que isso significa para seu dia a dia? Os riscos aumentam, mas as oportunidades também. O mais provável é que dois jovens estudantes estejam sentados em seu dormitório neste exato momento, ao lado de uma torre de caixas de pizza, com a ideia da próxima Apple e Uber ou do próximo Airbnb. Nunca foi tão fácil ser bem-sucedido. E nunca foi tão difícil adaptar-se às mudanças cada vez mais rápidas. Esse desenvolvimento, é claro, tem consequências. Muitas pessoas simplesmente não sabem como devem reagir a essa nova complexidade, então fazem o que sempre fizeram: baseiam-se em métodos, técnicas e slogans motivadores que estão ultrapassados e não ajudam em nada o desenvolvimento moderno. Isso é abstrato demais para você? Imagine a seguinte situação: você participa de uma corrida de Fórmula 1 com um Ford Taurus de 1982, competindo contra o Lewis Hamilton. Ele está ao seu lado em sua máquina de corridas de alta tecnologia da Mercedes e deixa seu motor turbo V8 rugir com um mero toque no acelerador. Não importa o quanto você se esforce, não terá a menor chance.

O mundo mudou drasticamente nos últimos anos, e por isso é extremamente necessário adaptar suas ideias, ferramentas e filosofias a esse desenvolvimento. Daniel Pink compara a evolução da motivação com as atualizações regulares de software do iPhone em seu livro *Motivação 3.0: drive – A surpreendente verdade sobre o que realmente nos motiva*. Adoro essa metáfora, porque a Apple, gigante da tecnologia de Cupertino, é uma verdadeira mestre na adaptação do funcionamento interno do smartphone de maior sucesso de todos os tempos em relação às oportunidades, aos desenvolvimentos e às inovações externas. Assim que há uma inovação técnica, a Apple reage e sai com uma atualização para seu sistema operacional. O que já funciona bem é mantido e complementado com os novos requisitos. Assim, a empresa tem se mantido atualizada e um passo à frente da concorrência desde 2007.

No entanto, enquanto o sistema operacional do iPhone se desenvolveu ainda mais por meio de várias atualizações de 2007 (iOS 1.0) até hoje (ao escrever este capítulo, chegamos ao iOS 9.0.), quanto à motivação, chegamos a um impasse entre a versão 1.0 e 3.0. Muitas pessoas ainda usam o medo e a pressão como o suposto motivador número um. Outros ainda juram que o método da cenoura e do bastão ainda funciona nos tempos atuais, enquanto os empresários progressistas deixam suas equipes caminhar pelo fogo e cantar o "*tschakka*" juntos. Todos esses métodos, sobre os quais falaremos depois, podem até ter um efeito em curto prazo, mas, em longo prazo, caem por terra. Além disso, não amplificam a nova complexidade nem os valores modernos dos dias de hoje. Portanto, já é hora de uma atualização de motivação 4.0. É hora de um forte impulso interior que nos permita implementar mudanças independentemente de títulos, dinheiro ou permissão de outras pessoas, mas com muita diversão e satisfação. Meu grande objetivo com este livro é que você liberte a motivação interna para a mudança 4.0 e a expanda de uma forma que o liberte de influências externas.

Como já falei bastante sobre a motivação dos funcionários, gostaria de fazer uma breve declaração neste momento. Já me perguntaram muitas vezes: "Ilja, seus livros são orientados para os negócios ou para o desenvolvimento pessoal?" É possível separar as duas áreas? O desenvolvimento pessoal não é um requisito absoluto se quisermos ter sucesso nos negócios? Não temos que aprimorar nossa personalidade antes de podermos ser um chefe, vendedor ou empresário melhor?

Uma das minhas mais profundas crenças é a de que o crescimento pessoal e o sucesso nos negócios estão indissociavelmente ligados.

Por causa disso, não quero me rotular. Os meus livros não são nem B2B (*business to business*), nem B2C (*business to consumer*, dos negócios para consumidor). Eles são simplesmente H2H (humano para humano). Escrevo para você como humano, como um ser humano com todas as facetas, forças e fraquezas, e uma coisa eu sei com certeza: a ideia da motivação 4.0 será uma boa companhia em todas as esferas de sua vida. Se você for capaz de dar às tarefas grandes e pequenas do dia a dia um significado motivacional, então inevitavelmente sentirá um crescimento no sucesso, na satisfação e nos resultados em longo prazo. Porém, antes de começarmos a olhar para cada bloco de construção um pouco mais de perto, é necessário cortar velhos hábitos e dizer adeus a alguns poucos mitos de motivação que são obsoletos. Gostaria de começar?

MOTIVAÇÃO 1.0: A FUGA DO TIGRE DENTES-DE-SABRE

Para dar uma olhada no primeiro passo na evolução motivacional, eu gostaria que você se juntasse a mim em uma pequena experiência de pensamento. Por favor, imagine que estamos viajando cerca de quinze mil anos atrás no tempo. As pessoas estão vivendo em tribos e acabaram de passar pelo estilo de vida neandertal. Enquanto as mulheres mantêm suas humildes moradas e cuidam das crianças, os homens têm uma única tarefa: encontrar comida. Para isso, eles saem, coletam frutas, caçam mamutes e, muitas vezes, só voltam depois de alguns dias. O que parece bastante romântico para nossos ouvidos modernos era, na realidade, uma luta diária pela sobrevivência. Claro, também tinha seu lado bom, porque, se a intensidade empregada na realização de suas tarefas diárias determina se você está vivo ou morto no fim do dia, então você realmente não tem que se preocupar muito com a motivação.

No fundo, nossos antepassados eram liderados, principalmente, pelos instintos. Nesse nível intuitivo, eles eram impulsionados por duas necessidades básicas que ainda são válidas hoje em dia:

1. Ser recompensado pelo sentimento de felicidade.
2. Evitar a dor.

Essa é a motivação 1.0 em sua forma mais pura, mas voltemos a nossa pequena experiência. Sentir felicidade naquela época era quase exclusivamente equiparado a manter relações interpessoais e um estoque de comida cheio. Assim, os homens se lançavam todos os dias para fornecer à família o suficiente para comer, independentemente do mau tempo, da doença ou da então desconhecida procrastinação, que poderiam afastá-los dessa tarefa. Se não fizessem isso, a alternativa seria a morte, que realmente estava à espreita por todo o lado naquela época. Às vezes, os caçadores e coletores estavam tão concentrados no saboroso mamute durante seus passeios que não notavam um tigre dentes-de-sabre se esgueirando atrás deles. Olhando o inimigo nos olhos, nossos corajosos antepassados percebiam rapidamente que estavam diante de um impasse em suas vidas. O resultado era um aumento intensivo da motivação sob a forma de adrenalina, o que lhes permitia superar o medo por um curto período de tempo e escapar do predador. Esse é o segundo fator de motivação instintiva: evitar a dor, assegurando sua própria sobrevivência. As pessoas daquela época não precisavam de mais do que isso.

Surpreendentemente, o padrão motivacional 1.0 não mudou até hoje, porque está profundamente enraizado em nossos instintos. Nos tempos modernos, nossas principais motivações certamente não são mais a vida ou a morte, mas sim evitar a dor e buscar a felicidade. Cada indivíduo geralmente tenta satisfazer essas duas necessidades. Nós queremos nos afastar de nossos problemas e alcançar nosso objetivo, e não nos enganemos, pois durante séculos foi absolutamente suficiente confiar nesses dois polos motivacionais, e a sociedade industrial estava predestinada a isso. Não faz muito tempo que os executivos de um negócio eram exclusivamente patriarcais e moldados pela "ordem de mufti". Talvez você ainda se lembre disso também: o chefe dava uma ordem e essa ordem devia ser executada. Se não o fizesse, ou se cometesse um erro, você teria alguns problemas. No que diz respeito aos incentivos positivos, geralmente se limitavam à velha sabedoria alemã: "A falta de reclamação é elogio suficiente." (E, não, nós não somos todos assim.)

Se você se opuser e disser que esses tempos, felizmente, acabaram, vou ter que desapontá-lo. Ainda hoje, a liderança é exercida frequentemente por meio de pressão, ordens hierárquicas e até do medo. Os resultados dessa estratégia motivacional podem ser observados diariamente nas empresas. Se um empregado tem medo de ser repreendido, o instinto primário que tenta nos proteger da dor entra em ação. Por causa disso, ele trabalha tenso ou não faz nada para evitar cometer erros. Imediatamente, uma espiral quase incontrolável de paralisação, insegurança e resistência se instala, normalmente, influenciando o clima e a cultura de toda a empresa.

MOTIVAÇÃO 2.0: A CENOURA E O BASTÃO

O próximo nível de desenvolvimento da evolução motivacional utiliza os lados positivos do instintivo "longe da dor e em direção à felicidade" e os combina com elementos cognitivos, tais como a recompensa de comportamentos desejáveis e a punição de comportamentos indesejáveis. Para ficar no mundo das metáforas, eles o seduzem com uma cenoura saborosa e o ameaçam com um bastão doloroso. Fique em um parquinho uma tarde qualquer e você pode testemunhar esse tipo de motivação em sua forma mais pura: "Kevin Tyron Jason, se não sair imediatamente do trepa-trepa, não vai poder assistir televisão esta noite." Ou a variação orientada para o objetivo: "Bridget, se brincar com a Jaqueline mais meia hora, o papai vai lhe dar um sorvete delicioso."

Não só para crianças, mas também para nós, adultos, a cenoura e o bastão ainda fazem maravilhas durante certas atividades. Quando atingimos uma meta desejada, nós nos recompensamos com um novo par de sapatos, um fim de semana em um spa em Londres ou o mais novo iPhone. Já o medo do bastão garante que fiquemos sempre atentos. Fazemos horas extras para poder aproveitar as próximas férias na Flórida e não termos que suportar o olhar desdenhoso dos vizinhos, que são donos de uma *villa* no Cape Coral há anos. Fazemos dietas até o ponto de desenvolvermos distúrbios alimentares porque receamos ser ridicularizados por alguma gordurinha durante nossas próximas férias na praia. E se a formas naturais do bastão já não forem suficientes, há engenhocas tecnológicas que podem nos ajudar a alcançar nossos objetivos. É por isso que o inventor Maneesh Sethi apresentou recentemente sua pulseira de treinamento chamada Pavlok, que dá um choque elétrico naqueles que a usam caso eles não cumpram seu programa de exercícios com rigor suficiente. Não estou brincando sobre isso.

A motivação 2.0 é determinada pela clássica regra "Se... então". Se fizermos X, então teremos uma certa recompensa. Se não fizermos Y, seremos punidos. Uma boa metáfora para isso é o burro que tem uma cenoura saborosa, mas inalcançável, balançando à sua frente, enquanto, simultaneamente, o doloroso bastão é usado para bater em seu rabo, a fim de fazê-lo se movimentar. Você provavelmente conhece bem essa versão de motivação 2.0 na rotina do seu trabalho. Todos os futuros executivos aprendem, no início de sua carreira, que uma aplicação equilibrada de cenoura e bastão é necessária para uma boa liderança. Uma quantidade apropriada de elogios deve ser sempre oposta à crítica correspondente. Assim, durante muitos anos, incentivos materiais e imateriais têm sido usados para seduzir e, ao mesmo tempo, ameaçar com reprimendas, realocações ou rescisões.

A lógica por trás disso é simples. Com base em uma determinada avaliação (normalmente de receitas ou lucros), são definidos incentivos sob a forma de bônus, bens materiais ou privilégios, que podem ser adicionados ao salário-base, dependendo do resultado. Naturalmente, seria de se esperar uma maior motivação com esse tipo de compensação, o que resultaria em um compromisso igualmente elevado e em esforços proporcionais. Mesmo nos esportes de alto rendimento, esse tipo de motivação é a ordem do dia. Jogadores, líderes de equipe e especialmente um número cada vez maior de agentes ganham muito dinheiro, porque os donos do clube sucumbiram ao chamado da cenoura. Dê uma olhada na seção de esportes do jornal e você verá uma verdadeira enxurrada de reportagens sobre pagamento de bônus. Há prêmios em dinheiro, bônus de gols, prêmios de campeões, prêmios de não rebaixamento e, claro, o controverso bônus no empréstimo do jogador.

Esses incentivos têm uma função de controle? Com certeza. No entanto, a motivação 2.0 por meio da cenoura e do bastão tem dois inconvenientes fundamentais. Em primeiro lugar, as pessoas rapidamente se acostumam a um nível de recompensa e querem mais em algum momento. Elas ficam viciadas em recompensas e, mais cedo ou mais tarde, não fazem algo sem a certeza de que vão receber uma. O que foi suficiente no ano passado não é mais hoje. Essa é uma das razões pelas quais vivemos em uma época de permanente "façam cada vez mais". E até a melhor ameaça se desgasta se não for implementada de forma consistente (e, na prática, isso quase nunca acontece).

Então, o primeiro problema da abordagem da cenoura e do bastão é a ameaça de desgaste e, portanto, não ter uma sustentabilidade muito forte. Por outro lado, a motivação 2.0 só é aplicável a comportamentos que tenham um resultado concreto e mensurável em dinheiro, quantidades ou gols marcados por temporada. Porém, hoje vivemos em tempos de cada vez menos trabalho na linha de montagem, menos procedimentos padronizados e descrições de trabalho unidimensionais. Em vez disso, aumentaram as tarefas criativas e não convencionais, que são difíceis de medir. Aqui está um desafio para você. Tente motivar um diretor de arte, um designer de jogos ou um autor de livros sobre mudança dando incentivos para sua produção ou ameaçando-os com o bastão se eles não forem criativos o suficiente. Se você não se concentrar em um forte impulso interior nessas situações, logo estará frustrado. E é aí que a motivação 3.0 entra em jogo.

MOTIVAÇÃO 3.0: *TSCHAKKA*, VOCÊ CONSEGUE!

Nos anos 1990, prevalecia a constatação de que uma motivação estritamente baseada em incentivos externos não era realmente marcada pela sustentabilidade. O pensador e autor de best-sellers Reinhard Sprenger até alegou, em seu famoso livro *The Myth of Motivation* (*O mito da motivação*, em tradução livre), que todos os métodos motivacionais praticados nas empresas são contraproducentes. Era o nascimento da motivação intrínseca, que se concentrava nos motivos interiores para passar do ponto A ao ponto B. Ao mesmo tempo, os gurus motivacionais brotaram como cogumelos, fazendo milhares de pessoas caminharem sobre brasas quentes e libertarem seu poder interior em uma espécie de terapia de gritos primários. Cerca de vinte anos se passaram desde que centenas de milhares de pessoas fizeram uma peregrinação aos templos motivacionais de todo o mundo para obter esse pontapé especial para a própria carreira.

Na Europa, essa época é essencialmente associada ao coach holandês Emile Ratelband. Ele ganhou enorme popularidade com seu slogan "*Tschakka,* você pode fazer isso!", e até passou alguns meses apresentando um programa com o mesmo nome na televisão alemã. Da noite para o dia, a palavra *tschakka* tornou-se uma espécie de grito de guerra para os seguidores da motivação 3.0 bradarem, mostrando que você pode fazer qualquer coisa se simplesmente se dedicar a isso. E mesmo que a culpa não seja dele, o criador dessa palavra tornou-se o símbolo da crescente cena motivacional que anunciava seus eventos cada vez mais frequentes com métodos às vezes questionáveis e que ganhou uma reputação bastante duvidosa. E, pior ainda, após uma inspeção mais atenta, inúmeras promessas desses gurus motivadores acabaram se revelando recheadas de apenas uma coisa: um vazio.

Algo que eu ainda hoje noto quando sou requisitado para discursos motivacionais em empresas ou associações é o quanto a desilusão afeta profundamente algumas pessoas. Muitas vezes me dizem, durante o briefing: "Sr. Grzeskowitz, por favor, não comece com essa coisa de *tschakka*. Nossos empregados não reagem bem a isso." É necessário sempre muito poder de persuasão para deixar meus clientes à vontade e explicar que existem outras formas de motivação. Porém, ainda hoje a ferida é profunda, e o rótulo de *orador motivacional* não tem uma das melhores reputações. E isso é uma pena, porque a motivação 3.0 contém, em seu núcleo, uma série de abordagens extremamente boas.

Se você leu meus livros anteriores, saberá o quanto acredito no potencial interior das pessoas e o quanto gosto de ajudá-las a desenvolvê-lo. Porém, infelizmente, no fim das contas, as declarações de muitos gurus motivacionais estão limitadas a truísmos triviais que não são verdadeiros nem funcionam. Existe, de fato, inúmeros deles. Para confirmar essa afirmação na prática, criei uma publicação na minha página do Facebook, durante a fase de pesquisa deste livro, pedindo a meus contatos que dissessem o slogan motivacional mais sem graça que conheciam. O resultado foi avassalador. Em duas horas, recebi mais de uma centena de comentários, com alguns dos clássicos que agora você vai poder ler. Neste ponto, eu gostaria de examinar criticamente as sete maiores mentiras motivacionais dos gurus *tschakka* (e esotéricos) dos tempos modernos. Aqui vamos nós.

MENTIRA MOTIVACIONAL NÚMERO 1: VOCÊ PODE ALCANÇAR QUALQUER COISA

Esta é uma famosa mensagem motivacional que conseguiu dissolver milhares de sonhos no ar. Para ser honesto, parece sedutor: "Não importa o que você faça, quem seja ou o que tenha. Se você pode sonhar, você pode alcançar. Só tem que bater no peito, gritar fervorosamente '*tschakka*', e, como mágica, vai conseguir qualquer coisa." A fim de substanciar essas promessas vazias, fofas, mas infelizmente falsas, são feitas analogias, como a história da abelha que, na verdade, não pode voar, mas sem saber disso ela voa de qualquer maneira (já ouviu essa?). E, se você ouvir esse tipo de declaração com frequência suficiente, acabará acreditando nela.

Você pode observar até onde essas promessas vazias conseguem ir todos os sábados à noite enquanto assiste ao *American Idol*, um programa em que adolescentes com total falta de talento ignoram todos os conselhos bem-intencionados do júri e seguem seu sonho de ter uma carreira como cantor mesmo com uma voz rouca. O argumento é sempre o mesmo: "Eu não sei cantar nem sou musical, mas todos os dias me imagino entrando nas listas de sucesso como a nova sensação do pop. E posso conseguir qualquer coisa se eu colocar minha mente nisso."

Você conhece exemplos semelhantes, não é verdade? Isso deixa muito claro que a motivação 3.0 pode fazer mais mal do que bem se for mal compreendida. Só para esclarecer mais uma vez, é óbvio que cada um tem muito mais dentro de si do que a maioria das pessoas pode imaginar. Mas a ideia de que todos podem alcançar qualquer coisa simplesmente não é verdade. As pessoas têm limitações, claras e simples, que tornam alguns objetivos irrealistas por si só. Eu, por exemplo, nunca na minha vida me tornarei um ginasta, professor de matemática ou pianista clássico. Embora tenha uma atitude positiva, acredite fortemente em mim mesmo e esteja disposto a praticar muito, ainda assim não vou conseguir. E isso não é um problema, porque estou concentrado em meus talentos individuais, em meus pontos fortes e nas áreas da minha vida em que ainda não alcancei todo o meu potencial. Você deveria fazer exatamente a mesma coisa. Você pode não ter tudo, mas alcançará muito mais do que imagina hoje.

MENTIRA MOTIVACIONAL NÚMERO 2: O UNIVERSO VAI GARANTIR SEU SUCESSO

Você não pode imaginar quantas pessoas eu tive o prazer de conhecer que se sentam em seu sofá todas as noites com o livro *O segredo* e enviam um desejo após o outro ao universo. E, depois de pensarem bem, perguntam-se por que ainda têm um emprego que odeiam, por que seu relacionamento está perdendo cada vez mais a paixão e por que o tão sonhado Porsche na garagem acaba sendo um Fiat Punto acabado de 1997. Embora eu acredite na lei da atração, é hora de deixar uma coisa clara. Se você não estiver disposto a tomar as medidas necessárias, não vai alcançar seus objetivos. Isso foi direto demais? Talvez, mas ter sucesso significa sempre ter que trabalhar. Confiar nos desejos do universo, infelizmente, não é suficiente, e se alguém lhe disser algo diferente disso, pura e simplesmente, estará mentindo.

MENTIRA MOTIVACIONAL NÚMERO 3: TUDO ESTÁ BEM DO JEITO QUE ESTÁ

Outra frase melosa que infelizmente caiu em terreno fértil demais. É a melhor desculpa que eu conheço para não tentar mudar nada. Afinal, está tudo bem do jeito que está e, se você estiver completamente insatisfeito consigo mesmo e com o mundo ao seu redor, então simplesmente não era para ser. Está na hora de uma conversa direta. Se você é uma daquelas pessoas que foram levadas a acreditar nessa ilusão, tenho uma mensagem importante para você. Há momentos na vida em que tudo não está bem como está. Se você não vive dentro de um filme de Rosamunde Pilcher, há períodos em que você tem problemas, está em apuros ou não sabe como lidar com todas as porcarias que acontecem com você. A propósito, isso se chama vida. E há apenas uma pessoa que pode mudar essas coisas. Essa pessoa olha para você no espelho todas as manhãs. Não adianta nada enfiar a cabeça na areia e dizer coisas maldosas com palavras bonitas. Muito pelo contrário, a beleza da vida é uma constante subida e descida, a mudança de altos e baixos, e, quanto mais cedo você aceitar esse fato, melhor. E além disso, seja feliz com esses supostos momentos difíceis, porque cada problema é um ponto de partida para fazer uma mudança. A única coisa que você nunca deve esquecer é de mudar seu foco para possíveis soluções.

MENTIRA MOTIVACIONAL NÚMERO 4: VOCÊ SÓ TEM QUE QUERER, TODO O RESTO VAI ACONTECER SOZINHO

Se um guru motivacional disser isso para você, então ele está mentindo. Nada, absolutamente nada, acontece por si só. É claro que é importante que você queira mudar e que assuma seu projeto de transformação altamente motivado. Porém, o desejo de mudar, infelizmente, é apenas um pré-requisito, o precursor necessário para o fator decisivo é ser capaz de fazer. Você precisa de conhecimento, habilidades e experiência. Não só uma vez, mas o tempo todo. Tem que ler muito, praticar muito e tentar muito, porque, se você não for um mestre de sua arte, será impossível alcançar resultados respeitáveis, muito menos, ser bom nisso.

MENTIRA MOTIVACIONAL NÚMERO 5: VOCÊ TEM QUE SER AUTÊNTICO

Não acredito em algo tanto quanto acredito na singularidade de cada pessoa. Cada um de nós é muito especial, com pontos fortes e fracos individuais. No entanto, quando um guru, no grande palco motivacional, anuncia que você só precisa ser autêntico, isso significa apenas uma coisa para a maioria do público que o ouve: uma desculpa barata para não ter que melhorar ou crescer como pessoa. Não nos enganemos, todos nós temos uma tonelada de fraquezas e conflitos internos. Todos nós temos nossos monstros no armário. Você os tem, assim como eu. Você tem que trabalhar neles e, por fim, transformá-los em pontos fortes. O mantra motivacional "Eu sou autêntico" é uma espécie de absolvição geral para se manter exatamente como está. E, na melhor das hipóteses, isso significa um impasse, mas, na maioria das vezes, significa até dar um passo atrás.

MENTIRA MOTIVACIONAL NÚMERO 6: FAÇA AS COISAS COM PAIXÃO OU SIMPLESMENTE NÃO FAÇA

Muitas vezes, a distinta obsessão pela paixão leva pessoas a se demitirem de seu trabalho, a desistirem no meio do caminho ou a nem começarem de verdade. Isso normalmente só se justifica com a explicação de que a paixão interior por algo simplesmente não existe (ou já não existe mais). E deixe-me ser absolutamente claro sobre isso. Eu acho maravilhoso querer muito alguma coisa e também sou um grande fã de atitudes apaixonadas. É assim que a potência, a energia e a resistência são libertadas. Contudo, também há muitas tarefas na vida que precisam ser apenas realizadas.

Acredite, quando faço minha contabilidade, meu nível de paixão despenca à estaca zero, mas eu faço mesmo assim, porque é necessário.

Se meu dentista está fazendo um canal em meu dente, não quero saber da paixão dele. É muito mais importante para mim que ele esteja concentrado e trabalhando com cuidado. Quando estou voando de Berlim para Nova York, não quero saber se o piloto está vivendo seu sonho. Tudo o que importa é que ele conduza a mim e aos outros passageiros em segurança para nosso destino. A maioria dos empregos e profissões não é muito atraente ou exótica, mas baseada em rotinas, diligência e confiabilidade. Só quando conseguimos fazer dessas características a base de nossa vida diária é que podemos usar o poder da nossa paixão para as responsabilidades maiores.

MENTIRA MOTIVACIONAL NÚMERO 7: VOCÊ SÓ TEM QUE SER POSITIVO

Você conhece pessoas que parecem só ver o lado bom da vida? Elas nunca têm problemas e veem grandes possibilidades em qualquer lugar. Riem de todas as dificuldades e vivem sob o dogma do pensamento positivo. Todos os dias, conheço muitas pessoas assim. No geral, elas têm pouco sucesso e raramente estão satisfeitas de verdade. É claro que eu recomendo uma atitude básica positiva, porque isso faz uma diferença crucial para o direcionamento do seu foco, mas há momentos em que você tem que resolver problemas, tem que enfrentar os desafios que o permitem crescer ou tomar decisões erradas, com as quais precisa aprender. Ignorar ou negar isso não só é contraproducente, como leva à insatisfação em longo prazo. Por favor, perceba uma coisa, não tem problema ficar de mau humor às vezes e passar por momentos difíceis. O importante é o que você faz com essa situação e a rapidez com que consegue tomar uma decisão orientada para a solução. Se você integrar essa mentalidade em seu dia a dia, poderá trancar o pensamento positivo forçado dentro de uma gaveta sem titubear.

Ficou um pouco desiludido com as sete maiores mentiras motivacionais ou você sempre teve a sensação de que havia algo de errado com a maioria desses mantras modernos? Apesar de haver um pouco de verdade nessas afirmações, a maioria das pessoas tem um bom instinto para detectar alguém que tenta colocar uma venda sobre seus olhos. É uma pena, porque nada é tão forte quanto a motivação intrínseca. No fim, tudo se resume à intenção com que as mensagens centrais de motivação 3.0 são transmitidas. Quando olho ao meu redor, reparo que cada vez mais pessoas têm compreendido exatamente isso. Elas querem usar os elementos positivos da motivação intrínseca em suas vidas, mas podem renunciar às frases vazias e ao alvoroço do *tschakka tschakka*. Chegou a hora de uma mudança de paradigma. Está na hora de uma atualização.

MOTIVAÇÃO 4.0: MUDANÇA SIGNIFICATIVA EM VEZ DE FRASES VAZIAS

A mais nova atualização para a motivação 4.0, como eu a defino neste livro, combina os elementos que funcionam corretamente nas três primeiras etapas de desenvolvimento e os complementa com os requisitos que se tornaram necessários em nosso mundo complexo de mudanças cada vez mais rápidas. O desenvolvimento demográfico, a globalização e a transformação para uma sociedade de serviços digitais levaram a uma mudança radical de valores que só agora começou a mostrar suas implicações. Aqui estão alguns exemplos de muitos. Estamos mudando de uma sociedade industrial baseada em locais para uma sociedade de serviços em rede global. Os empregos clássicos "de nove às seis" estão perdendo cada vez mais importância, enquanto as ocupações criativas e individuais estão aumentando. As clássicas divisões familiares, em que o homem ganha o dinheiro e a mulher cuida da casa e das crianças, também se tornaram obsoletas há muito tempo. O compartilhamento do trabalho, a jornada em período parcial e a combinação de emprego e família tornaram-se mais importantes para a maioria das pessoas do que as bonificações por performance ou os cheques no fim do ano.

Claro que o dinheiro ainda é um fator de motivação muito importante, e eu gosto de ganhar muito dinheiro. Porém, não é tudo. Além de dinheiro, valores complementares são importantes hoje em dia, como ter a liberdade de implementar a própria personalidade em seu trabalho e a capacidade de gerir seu tempo ou ter uma melhor qualidade de vida em geral. A moeda mais importante das pessoas modernas no século XXI já não é o dólar ou o euro, mas, pura e simplesmente, o tempo. Não à toa, a quantidade de períodos sabáticos aumentou dramaticamente nos últimos anos. Hoje em dia, uma carreira profissional e o desenvolvimento da própria individualidade têm que se reconciliar. Já faz algum tempo que as pessoas não querem se sentar em um escritório como abelhas operárias desde a manhã até a noite, ficar em uma linha de montagem ou trabalhar em um galpão de produção. Em vez disso, elas querem viver sua criatividade, ter uma ocupação significativa e desenvolver seus talentos.

Ninguém quer ter a sensação de ter desperdiçado o próprio potencial no fim da vida. Ninguém quer dizer em seu leito de morte: "Lamento não ter passado mais tempo no escritório." Hoje tem que ser possível viver seus sonhos e expressar a própria personalidade por meio de seu trabalho. A motivação 4.0 capta exatamente essa tendência, ela concentra-se no maior impulso que se pode ter. Quando o que você faz ou é tem um propósito. Quando você tem uma forte sensação de satisfação ao chegar em casa à noite. Quando segue sua visão e faz parte de uma missão que é maior que você. Quando sente uma profunda motivação, para a qual você não precisa de um título, de dinheiro ou da permissão de outras pessoas.

O momento que mudou decisivamente minha vida ocorreu no dia em que minha filha mais velha, Emma, nasceu. Nunca vou esquecer a onda de emoções que me surpreendeu quando eu fui a primeira pessoa a segurar aquele lindo bebê após um parto longo e extenuante. Sentindo as tensões, ela descansava no meu peito, envolta em uma toalha aconchegante, e me olhava com olhos brilhantes. Naquele momento, tive a sensação de ter sido atingido com toda a força por um taco de beisebol feito exclusivamente de amor. Com os joelhos trêmulos e os olhos cheios d'água, senti a afeição incondicional que você provavelmente só pode compreender se tiver filhos.

De um momento para outro, toda a minha visão de mundo tinha sido virada de cabeça para baixo, e isso mudou tudo. Parecia que tudo ao meu redor se movia em câmera lenta, enquanto uma profunda realização do que é realmente importante na vida se apoderou de mim. Senti uma responsabilidade sem precedentes por aquela pequena menina; aceitei o desafio e prometi solenemente a ela que faria tudo o que estivesse ao meu alcance para lhe dar a melhor vida possível.

No entanto, para colocar essa promessa em ação, eu tive que me libertar das correntes visíveis e invisíveis da minha própria vida, afastar-me da heteronomia e assumir cem por cento de responsabilidade por minha carreira, minhas decisões e minhas ações. Se quisesse estar presente na vida da minha filha, eu mesmo teria que decidir como seria o futuro. Mais ninguém. E assim decidi, naquele momento na sala de parto, soltar o freio de mão e finalmente liberar meu próprio potencial, para não só entender a mentalidade *pense, faça, mude* intelectualmente, mas para vivê-la todos os dias; para começar minha jornada até minha própria grandeza. Isso era necessário porque eu não queria uma vida medíocre para Emma, mas uma vida extraordinária, em todos os níveis. Então mergulhei nessa tarefa como nunca tinha mergulhado em uma antes.

Outra coisa ficou muito clara para mim: tive que chegar aos trinta anos para entender completamente o quanto sua motivação começa a crescer quando você começa a agir. E, embora ainda não soubesse como seria meu caminho futuro, apenas comecei. A direção básica era clara para mim e eu tinha fé que os detalhes iriam se resolver pelo caminho. Quando o *porquê* é forte o suficiente, o *como* e o *quê* se resolvem automaticamente. Sempre que eu começava a sentir dúvidas, se tinha que mover uma pedra enorme no caminho ou superar um obstáculo, bastava olhar para a foto da minha menina para ter a motivação para continuar.

Hoje, mais de dez anos depois, sei que um forte impulso é o pré-requisito mais importante para substituir uma espera passiva e atenta por ações determinadas e viver as mudanças com coração e alma. Também sei que muitas pessoas estão desesperadamente à procura desse forte *porquê*, e simplesmente não têm ideia do motivo pelo qual deveriam estar acordando todas as manhãs. Recebo, regularmente, pedidos de pessoas para que eu as ajude a encontrar sua motivação por meio do coaching. Isso é, no entanto, um grande desafio, pois um *porquê* forte nunca vem de fora. Não pode ser criado, não pode ser forçado e também não pode ser comprado. Você só o sentirá quando houver algo em sua vida que faça seus olhos se iluminarem e seu coração bater mais rápido.

Para mim, esse algo foi o nascimento da minha primeira filha. Para outros, é uma subida na hierarquia da empresa, o reconhecimento de uma posição honorária, o relacionamento com uma pessoa especial ou a abertura do próprio negócio. Mas pode ser algo completamente diferente. Tive a sorte de ter encontrado tantas experiências intensas em meu caminho que hoje tenho várias motivações. Meu trabalho produtivo como empresário independente, a mudança provocada em meu público após um discurso ou o feedback dos leitores dos meus livros me fazem acordar agradecido todas as manhãs e me ajudam a realizar minhas supostas tarefas de rotina altamente motivado.

Porém, por mais que eu goste de poder viajar pelo mundo, dar palestras em empresas e trabalhar com personalidades excepcionais, nada se compara ao status que minhas duas filhas têm em minha vida. Nada me satisfaz mais do que poder passar uma tarde com Emma e Elisabeth, rir e brincar com elas, e apenas vê-las desfrutar de suas vidas. Desde que tive esse sentimento, nunca precisei desperdiçar um único pensamento em meu porquê ou em minha motivação.

Isso me leva à questão decisiva. Qual é seu forte *porquê*? O que lhe faz saltar da cama cheio de alegria pela manhã? Qual é a motivação que faz você se levantar quando cai e o aproxima passo a passo de seu objetivo? Se você não tiver uma resposta imediatamente, não tem problema algum. Pode ser apenas pelo fato de que, ao longo dos anos, você tenha aprendido a se concentrar nas coisas que acha que estão faltando. Coisas animadoras começam a acontecer assim que você passa a focar sua visão sobre aquilo que já tem, e isso é mais do que você poderia imaginar.

Ouça profundamente sua voz interior. Mais cedo ou mais tarde, você entenderá, sentirá e saberá qual é o forte *porquê* de sua vida. Depois disso, tudo começa a acontecer. É claro que esse impulso interior não aparece de um dia para o outro. Requer muita reflexão, muito trabalho e, claro, muita resistência. Porém, vale a pena, porque, uma vez que você começa a sentir uma motivação, que na maioria das vezes é independente de fatores externos, terá uma profunda satisfação. Além disso, você não vai querer esperar para começar a fazer as mudanças que tanto sonhou em sua vida. Eu nunca poderia resumir isso tão bem quanto Dalai Lama, que uma vez afirmou: "Se nossa motivação é forte e cicatrizante, podemos fazer qualquer coisa." Com isso em mente, vamos dar o próximo passo.

RESUMO DO CAPÍTULO

PENSE, FAÇA, MUDE – AS GRANDES IDEIAS DESTE CAPÍTULO

- ✓ A motivação é o impulso que o leva do ponto A para o ponto B, física e mentalmente.
- ✓ A motivação 1.0 tem duas formas de condução: recompensas por meio da experiência da felicidade e da prevenção da dor.
- ✓ A motivação 2.0 se sustenta na ideia da cenoura saborosa e do bastão doloroso.
- ✓ Não se deixe enganar pelas mentiras motivacionais da motivação 3.0 e desenvolva sua própria motivação forte e intrínseca.
- ✓ A motivação 4.0 combina os elementos de eficiência das três primeiras etapas de desenvolvimento e os complementa com os requisitos necessários em tempos de mudança.
- ✓ A maior motivação se desenvolve quando você entra em ação e leva uma vida significativa.

O CAMINHO DO CHANGEMAKER

POR QUE VOCÊ DEVE COMEÇAR A FAZER AS COISAS

*"Never win and never lose. There's nothing much to choose. Between the right and wrong. Nothing lost and nothing gained. Still things aren't quite the same. Between you and me. I keep a close watch on this heart of mine."**

- John Cale, "I Keep a Close Watch"

Posso fazer uma confissão? Adoro ler jornais como o *USA Today*, *The Sun* ou o *Bild*, da Alemanha. Sempre que entro em uma sala de espera de aeroporto, pego direto um desses tabloides influentes. Por duas razões. Em primeiro lugar, todos os três têm, de longe, as melhores seções de esportes de todos os jornais, mas é especialmente fascinante para mim como as manchetes de fato atraem o leitor para o jornal. Ninguém mais consegue resumir o sentimento de uma nação inteira em poucas palavras. E, para ser honesto, quando o *Bild* publicou a manchete "Nós somos o papa!" (após a eleição de Joseph Aloisius Ratzinger como papa Bento XVI), em 2005, a maioria dos alemães sentiu-se bastante pontificada.

---

* *"Nunca ganhe e nunca perca. Não há muito a escolher. Entre o certo e o errado. Nada perdido e nada ganho. Ainda assim, as coisas não são exatamente as mesmas. Aqui entre nós, eu fico de olho neste meu coração."*

Com a minha queda pelos efeitos que o idioma causa, tenho me demorado mais nas decisões de títulos das minhas obras. Porém, quando me decidi por *Pense, faça, mude: Sonhe grande e conquiste resultados* comecei a ter dúvidas. É claro que essas palavras podem conter um poder distinto, que espero que lhe proporcione coragem, seja contagiante e estimule-o à realização. Ao mesmo tempo, eu me perguntava o que mais poderia ser acrescentado a esta frase: *pense, faça, mude*. Ela diz tudo o que há para se dizer, certo? Mensagem explicada, mensagem compreendida, mensagem realizada. Então, por que escrever um livro inteiro sobre isso?

A resposta está em um pequeno, e muitas vezes esquecido, detalhe quando se trata de correr riscos e criar ativamente o próprio futuro, porque a mudança é uma dessas coisas. Todos sabem que é necessária, e todos também sabem como funciona em teoria. Então, por que tantos esforços de transformação falham? É claro que eu poderia apontar para um dos muitos modelos de mudança, que dizem todos mais ou menos a mesma coisa de uma forma complicada, mas acredito que a razão seja muito mais simples que isso. A maioria falha porque é humano agarrar-se a velhos hábitos; porque as mudanças não podem ser automatizadas, não podem ser delegadas e, especialmente, não podem ser compradas. A mudança não é o que acontece por fora, mas a forma como você lida com ela dentro dos quinze centímetros entre suas orelhas. Com isso, refiro-me certamente à sua mente, mas, além disso, ao seu coração também.

Já ouviu falar do Clocky? O Clocky é um despertador sobre rodas, inventado pela estudante americana Gauri Nanda, do MIT. Com sua invenção, ela resolveu um importante problema motivacional. Talvez você saiba do que estou falando. Antes de ir para a cama, você toma uma decisão racional e ajusta o despertador para as seis da manhã, para ter tempo suficiente para uma corrida matinal ou para um bom e longo café da manhã. O plano está feito e você está realmente determinado, mais aí algo acontece. Quando o despertador toca de manhã cedo, suas emoções tomam conta e, de repente, não há nada mais importante do que ficar em sua cama quente e confortável por mais alguns minutos.

Sem sequer perceber, você estende o braço, bate no botão da soneca e diz para si mesmo: "Amanhã eu vou me levantar cedo!" O Clocky não o deixa fazer isso. Quando toca, o Clocky cai de sua mesa de cabeceira e, com um som irritante, anda pelo quarto para que você seja obrigado a, de pijamas, correr atrás do despertador. E só para o caso de você estar pensando "Quem em sã consciência precisa de um despertador desses?", nos primeiros dois anos após sua invenção, sem nenhuma propaganda, 35 mil unidades do aparelho foram vendidas a um preço de cinquenta dólares cada. O Clocky resolve o problema quando a lógica quer uma coisa, mas as emoções querem algo totalmente diferente.

Porém, nós precisamos desesperadamente tanto da lógica como das emoções para que as mudanças sejam bem-sucedidas. A informação mais abrangente, os dados mais detalhados e as análises mais profundas não farão nada por você se não houver alguma motivação emocional. A lógica lhe permite compreender, e as emoções lhe permitem agir. Você pode comprovar isso muito facilmente. A maioria das pessoas sabe que deve comer de maneira mais saudável. A maioria das pessoas sabe que deve fazer mais exercícios. No entanto, muito poucos mudam seus hábitos. Eu, por exemplo, sei que me sentiria muito bem em andar por aí com um tanquinho durante as minhas próximas férias na praia. Conheço uma infinidade de livros, tenho toda a informação necessária e sei exatamente o que teria de fazer para um abdômen definido, mas não tenho um porque minha motivação emocional não é suficientemente forte. Essa é uma daquelas mudanças em que se diz: "Seria bom, deve ser feito, eu deveria cuidar disso."

Sinto regularmente o mesmo dilema durante o meu trabalho com empresas e executivos, no qual tenho como objetivo desenvolver sua capacidade de transformar ideias em ações. Os passos necessários são tão simples que qualquer um os interiorizaria, e os compreenderia racionalmente em um pequeno período de tempo. No entanto, se essa compreensão lógica não for apoiada por componentes emocionais, a mudança anunciada nada mais é do que conversa fiada. E acredite, nesse caso não falo apenas como mentor, mas com base em minhas experiências. Houve uma época em minha vida em que eu entendia totalmente a mentalidade *pense, faça, mude*, mas era muito fraco emocionalmente. Em minha cabeça, sempre tive a sensação de que precisava de um título, de dinheiro ou da permissão de meus superiores.

Só em retrospectiva percebi que essa forma de pensar era uma desculpa para mim, para poder continuar dirigindo com o freio acionado. Quando tinha dúvidas, podia me esconder atrás da política da empresa, das decisões de meus superiores ou das inúmeras regulamentações burocráticas do escritório. Isso teve suas consequências. Olhando de fora para dentro, eu era bem-sucedido, mas, internamente, um sentimento familiar começou a me incomodar, e a crescer a cada dia, dizendo-me que aquilo não podia ser tudo. Sentia cada vez mais que estava na hora de desfazer o nó e explorar meu potencial. E foi aí que chegou o momento em que meu modo de pensar racional foi combinado com uma onda de emoções nunca antes vista, e compreendi claramente que não precisava de um título, de dinheiro ou da permissão de alguém para viver a vida que sempre sonhei. De repente, eu tinha uma clareza intensa e sabia: "Tudo depende de mim. Só tenho que implementar. Preciso seguir o caminho do changemaker."

SER UM LÍDER NÃO É UM TÍTULO, MAS UMA ATITUDE

Então, o que é um changemaker exatamente? Para mim, são aquelas pessoas que combinam ideias corajosas com ações claras e veem os vários desafios do cotidiano como um belo presente da vida. Aqueles que se concentram nas grandes chances e oportunidades e moldam ativamente seu futuro. Aqueles que não mudam só por mudar, mas estão dispostos a crescer como pessoa e a apostar todos os dias. Quem renuncia às declarações bem-intencionadas e se concentra, antes, em deixar as ações falarem. Aqueles que se dão bem quando se trata de agir como um exemplo para seus pares, colegas de trabalho, clientes, amigos e familiares. Resumindo: os changemakers são aquelas pessoas que tomam a decisão de colocar o próprio selo pessoal na vida e deixar o mundo apenas um pouquinho melhor.

Com essa curta definição, podemos, sem dúvida, dizer que esse perfil não está relacionado a um título ou a uma posição hierárquica, mas sim, a uma atitude proativa muito especial. Assim, é possível dividir as pessoas a nosso redor em duas categorias: os changemakers e os gestores do status quo. Você pode encontrar os exemplos desses tipos, incluindo uma mistura dos dois, em todos os lugares: em sua empresa, em seu círculo social e em seu clube esportivo. Vamos examinar mais de perto as características típicas dos dois estilos de vida.

UM GERENTE DO STATUS QUO

- Vê as mudanças como uma ameaça.
- Teme o desconhecido.
- Acha que conhece e está familiarizado com tudo.
- Reage passivamente a circunstâncias externas.
- Está à procura de desculpas e razões pelas quais algo simplesmente não funciona.
- É orientado para problemas.
- Prefere se sentar e não fazer nada em vez de cometer um erro.
- Não gosta de tomar decisões.
- Esconde-se atrás das regras.
- Muda suas opiniões e seus valores para satisfazer aos outros.
- Aceita o status quo como garantido e não alterável.
- Não assume a responsabilidade.
- Esconde-se atrás de outras pessoas.

UM CHANGEMAKER

- Vê as mudanças como uma enorme oportunidade para crescer, aprender e melhorar.
- Segue o conceito de aprendizagem ao longo da vida.
- Cria ativamente suas circunstâncias exteriores.
- Encontra formas e meios de pôr seus planos em ação.
- É orientado para a solução.

- Está pronto para cometer erros e poder aprender com isso.
- Toma decisões pontuais, claras e relacionáveis.
- Está disposto a quebrar regras e substituí-las por suas próprias.
- Vive de acordo com valores bem estabelecidos.
- Questiona tudo, especialmente, os próprios julgamentos e opiniões.
- Assume responsabilidade por si mesmo e por seus atos.
- Age com intenção.
- Lidera com personalidade.

Reconheceu a si mesmo ou alguém de seu entorno nessas declarações? Espero que esse pequeno resumo tenha deixado claro, mais uma vez, que a grande diferença entre um gerente do status quo e um changemaker não reside em seus talentos, suas habilidades ou em circunstâncias externas. Também não é uma questão de posição hierárquica. Conheço changemakers que ganham seu pão como escrivães, secretários e motoristas de ônibus. Da mesma forma, conheço políticos (muitos deles), executivos e CEOs que são grandes exemplos de gerentes do status quo. Não, a diferença decisiva reside em uma atitude muito especial: tomar seu destino nas próprias mãos, criar mudanças ativamente, bem como assumir a responsabilidade por si mesmo e pelos outros. Portanto, os changemakers são sempre líderes que orientam as pessoas que os cercam. Quanto mais claras forem suas ideias, seus valores e suas opiniões, mais fácil será para seus colegas ou clientes simplesmente seguirem o exemplo. Para conseguir isso, é necessário internalizar quatro atributos e torná-los parte de sua rotina diária. Como de costume, são muito fáceis de entender, mas não tão fáceis de aplicar.

ATRIBUTO NÚMERO 1 DE UM CHANGEMAKER: ASSUMIR RESPONSABILIDADE

Sei que provavelmente você já está farto dessa afirmação, mas é tão essencial que não me importo de voltar a mencioná-la. Se você quer dizer adeus a sua abordagem de espera passiva, então não pode evitar esse passo. A alternativa é deixar a direção, o caminho e a velocidade de sua vida serem determinados por outras pessoas. Porém, dessa forma, você nunca sentirá a profunda e intensa satisfação que só aparece quando se assume a responsabilidade por suas decisões, suas ações e seus resultados.

Claro, isso às vezes é difícil, é preciso muita coragem e, frequentemente, você se sentirá como a pessoa mais solitária do planeta. É preciso deixar claro para si mesmo que as mudanças andam sempre de mãos dadas com os riscos, a insegurança e o medo do desconhecido. No entanto, por mais difíceis que as circunstâncias externas possam parecer às vezes, você ainda tem a oportunidade de transformá-las em algo positivo. Quando a tempestade estiver bem em cima de sua cabeça, você deve se lembrar do fato mais importante: não podemos mudar o que acontece conosco, mas sempre podemos escolher a forma como lidamos com isso.

ATRIBUTO NÚMERO 2 DE UM CHANGEMAKER: APRENDER A TOMAR DECISÕES

Nada é mais importante para ter a motivação certa para mudar do que a capacidade de tomar decisões. (A melhor maneira de fazer isso é detalhada no capítulo "Use sua singularidade".) Por que o mundo está tão cheio de mediocridade, queixas e lamentações? Porque muitas pessoas têm medo de cometer erros e, portanto, optam por não tomar nenhuma decisão. O resultado? Apatia, paralisação e, muitas vezes, até regressão. Treine com a maior frequência possível para tomar decisões claras e pontuais. É assim que você assume uma posição, convence com confiança e transmite valores àqueles que estão ao seu redor para que outras pessoas possam se orientar.

ATRIBUTO NÚMERO 3 DE UM CHANGEMAKER: SER SEMPRE O PRIMEIRO!

Este é um dos mais importantes dos quatro atributos. "Seja sempre o primeiro." O grande Mahatma Gandhi disse, uma vez: "Seja a mudança que você quer ver no mundo." Traduzido para uma linguagem mais moderna, isso significa: viva as mudanças e mude a si mesmo, primeiro e acima de tudo. Se você quer melhorar a interação com sua equipe, tem que mudar suas formas de comunicação primeiro. Se quer que seus funcionários e colegas estejam mais motivados, tem que se motivar primeiro. Se quer que seu ambiente mude, tem que, primeiro, mudar a si mesmo.

As transformações seguem uma lógica simples. Se mudarmos a nós mesmos, tudo ao nosso redor também vai mudar. Porém, para isso, é necessário que não esperemos que alguém faça algo que nós mesmos não estejamos dispostos a fazer. Com isso, você dá aos seus colegas e clientes uma direção clara, criando confiança e credibilidade. Quanto mais ativamente aplicar o conceito de "ser sempre o primeiro", menos você será um fantoche de circunstâncias externas. Você tem a chave para a ação em suas mãos se não deixar nada ao acaso, especialmente em tempos inseguros, e estiver sempre um passo crucial à frente de seu destino. Você estará sempre preparado, agindo ativamente e iniciando mudanças sem título, dinheiro ou permissão.

ATRIBUTO NÚMERO 4 DE UM CHANGEMAKER: DEIXAR QUE SUAS AÇÕES FALEM MAIS ALTO QUE SUAS PALAVRAS

Um velho provérbio chinês diz: "Eu não consigo entender suas palavras. As suas ações gritam muito alto." Continuo encontrando pessoas que prometem as coisas mais belas com palavras vazias sobre o que planejam fazer, os objetivos que estão seguindo e o que querem definitivamente atingir. Na maioria das vezes, elas não vão além desses anúncios e, em vez da consequente implementação, sua energia é desperdiçada na procura por desculpas para explicar por que não estão tendo resultados.

Como um changemaker, você deixa suas ações falarem em vez das palavras. Renuncia a grandes declarações e apenas faz o que se propôs a fazer. Você emociona seus colegas e clientes com sua capacidade de realização, e prefere deixar o falatório para os outros.

Você gosta desses quatro atributos? Ótimo! Eles servirão de base quando você seguir o caminho do changemaker. São uma espécie de diretriz geral para celebrar sucessos há muito desejados e alcançar diretamente resultados viáveis. Não importa o desafio que o espera no futuro, assuma responsabilidade, aprenda a tomar decisões, aplique ativamente o princípio de "ser sempre o primeiro" e se entusiasme com sua alta capacidade de realização. Pare de esperar e mude seu ambiente de imediato, mesmo sem um título, dinheiro ou permissão dos outros. Com a consequente aplicação, você logo notará que está crescendo como pessoa e que sua satisfação geral está aumentando, mas também é muito provável que note que suas exigências também estão crescendo. O que parecia inatingível ontem pode ser o novo padrão amanhã. Quanto mais você atingir os limites de sua zona de conforto, mais ela vai se expandir. Por isso, não se dê por satisfeito, mas deixe o trabalho diário sobre seu próprio desenvolvimento se tornar um automatismo subconsciente, pois isso é necessário para dizer adeus a alguns modos de pensar aos quais somos muito apegados.

PARE DE SE SABOTAR

Talvez você conheça essa sensação. Seu trabalho não é mais o que era antes, está faltando um pouco de paixão no relacionamento de anos e sua conta bancária já está vazia no meio do mês. Só há uma escolha. Você tem que fazer uma mudança. Porém, enquanto os changemakers estão botando seus planos em ação, os gerentes do status quo têm uma abordagem de "esperar para ver". Se acabam entrando em ação mais ou menos por acaso, geralmente voltam aos seus velhos padrões de comportamento. Qual é a razão para isso? Não ter nem a vontade, nem as habilidades necessárias, nem o desejo de realmente fazer uma mudança.

Não, a maioria das pessoas não quer mais do que ter um emprego estável, um relacionamento satisfatório ou uma vida feliz, mas, assim que tomam a decisão de dar o primeiro passo, começam a se sabotar. O trágico é que a maioria delas nem se dá conta de que está atrapalhando a si mesma. Em vez disso, elas se convencem de que não têm sorte, que nunca tiveram uma chance justa ou que não é o momento certo. Esses são apenas exemplos de uma forma muito especial de pensar que é responsável por sabotarmos a nós mesmos na implementação de uma mudança desejada. Porém, isso não tem que ser assim. Muito pelo contrário. Todo ser humano pode se tornar um changemaker, e o passo mais importante é abandonar imediatamente os padrões de pensamento a seguir.

PADRÃO DE AUTOSSABOTAGEM NÚMERO 1: TER MEDO DAS MUDANÇAS

Quer se trate do seu negócio ou de sua vida familiar, cada mudança é neutra por si só. É sempre nossa avaliação pessoal que faz com que o evento correspondente seja positivo ou negativo. Então, verdade seja dita, como você reage quando tem que lidar com novas ideias, novos modos de pensar ou novas situações? Você vê a mudança como uma ameaça ou como uma oportunidade maravilhosa para desenvolver sua personalidade, fazer seu negócio crescer e ter experiências emocionantes? Não importa como são seus sonhos, se você tem medo das mudanças necessárias, será difícil torná-los realidade. Em vez disso, você deve considerar que a oportunidade de seguir novos caminhos é um enorme presente na vida e é perfeitamente normal sentir-se um pouco inseguro e ter algumas dúvidas. Se você não tem esses sentimentos, então pode ter certeza de que seus objetivos não são grandes o suficiente, e, por favor, nunca se esqueça de uma coisa: ser corajoso não significa não ter medo. Ser corajoso significa começar mesmo assim. Veremos como isso é feito no próximo capítulo, quando tratarmos mais detalhadamente do tema do medo.

PADRÃO DE AUTOSSABOTAGEM NÚMERO 2: FOCAR OS PROBLEMAS

Aonde seu foco for, seu tempo, seu dinheiro e sua energia também irão. Atraímos mais daquilo em que nos concentramos. Isso se aplica a todas as áreas da vida. Se você espera encontrar problemas em todos os lugares, então você os atrairá para sua vida. Se, em vez disso, você mudar seu foco para encontrar chances e oportunidades, de repente, você as notará em todos os lugares, conforme o lema: "A questão não é se a vida é bela, mas se você está ciente disso." Em qualquer situação, você pode escolher o que focar — seja para ser o tipo de pessoa que constantemente chora, reclama e espera uma nuvem escura no dia mais bonito de sol, ou para se concentrar em possíveis soluções. O mais complicado com esse tipo de autossabotagem é que não o vemos dessa maneira, porque esse padrão de pensamento há muito se tornou normal. Deixe-me dar um exemplo.

Recentemente, recebi uma ligação do gerente regional de uma grande empresa dizendo, com uma voz chorosa: "Sr. Grzeskowitz, eu quero contratá-lo para uma palestra. Toda a nossa indústria está indo mal, uma guerra de preços brutal está acontecendo, as inovações já não são possíveis, os ganhos estão caindo, a política também não está ajudando, as mudanças têm sido enormes... blá, blá, blá." Não me lembro do resto, mas ele continuou assim durante, pelo menos, alguns minutos. Finalmente, disse, completamente sério: "E sabe qual é a pior coisa? Toda a minha equipe está constantemente se queixando, lamentando-se e se concentrando em coisas negativas."

Bem, o questionamento de onde eles aprenderam esse comportamento se responde por si só, não acha? Eu testemunho esse tipo de atitude regularmente. Em vez de arregaçar as mangas, a pessoa foca as circunstâncias externas e apenas mantém o status quo, na melhor das hipóteses. O raciocínio é, principalmente, o seguinte: "O que posso fazer? As pessoas simplesmente não querem mais lidar com mudanças." Porém, afirmo que isso não é verdade. De um modo geral, as pessoas gostam de mudanças. Você pode comprovar isso facilmente se tiver filhos (ou conhecer casais com filhos). Você se lembra das noites sem dormir, da enorme pilha de fraldas e do adorável som de um bebê chorando no meio da noite? Eu mesmo tenho duas filhas maravilhosas, e não acho que seja um exagero quando digo que o nascimento de uma criança é provavelmente a maior mudança pela qual podemos passar, certo? Estou disposto a apostar que você iniciou essa mudança especial de propósito e, ao mesmo tempo, também a classificaria como o milagre mais belo de todos os tempos. Estou certo?

Não é da mudança em si que muitas pessoas estão cansadas. Adoramos ser promovidos, comprar um carro novo ou planejar nossas próximas férias; só não queremos lidar com as mudanças que trazem insegurança, dúvidas e medo do desconhecido. No entanto, se você tiver adotado a atitude de um changemaker, mesmo essas transformações difíceis podem ser dominadas com sucesso. Quanto mais você treinar para mudar seu foco, mais notará as muitas oportunidades que a vida lhe oferece. Depois, você só tem que agarrá-las e usá-las.

PADRÃO DE AUTOSSABOTAGEM NÚMERO 3: CULPAR OS OUTROS

A vida nem sempre é como queremos que seja; às vezes acontecem coisas de que não gostamos, e os culpados são rapidamente encontrados. Seu patrão é um senhor de escravos injusto, seus funcionários são preguiçosos, seu cônjuge é egoísta, seus filhos são ingratos, os políticos são autoindulgentes e a Receita Federal é gananciosa. Dessa forma, você sempre sabe exatamente quem e o que ao seu redor tem que mudar para que você possa continuar exatamente do jeito que é. Parece familiar? Se você tem a tendência de culpar imediatamente os outros quando ocorrem resultados indesejados, eu gostaria de encorajá-lo a tentar algo diferente. De qualquer forma, é impossível mudar os outros se eles não querem mudar. Seu chefe, seus funcionários, seu cônjuge e até mesmo seus filhos só mudam por razões que são importantes para eles, e nunca por aquelas pelas quais gostaríamos que mudassem. Aqui está um simples fato que nunca deve ser esquecido: a única pessoa cujos pensamentos, decisões e ações você pode mudar é aquela que olha para você do espelho pela manhã. Dessa maneira, assim que você começa a mudar a si mesmo, de repente também muda as pessoas ao seu redor. O lema "Seja sempre o primeiro!" também se aplica aqui.

PADRÃO DE AUTOSSABOTAGEM NÚMERO 4: FAZER-SE DE VÍTIMA

A maneira como você lida com reveses, falhas e problemas é crucial para a sustentabilidade da mudança. Como você reage quando a vida lhe dá um teste difícil? Aceita o desafio e decide tirar o melhor proveito da situação ou opta por se fazer de vítima e se lamentar sobre como as coisas são difíceis? Essa é uma decisão que determina se você cresce como pessoa ou se, em vez disso, encaminha-se silenciosamente para a mediocridade.

Você pode ser um changemaker ou um gerente do status quo, mas nunca os dois ao mesmo tempo. Quero lembrar mais uma vez que você é responsável por seus resultados na vida e ninguém virá até você e lhe entregará as oportunidades de bandeja. É você quem tem que criá-las e depois levá-las adiante com todo o empenho. Se não fizer isso, ninguém o fará por você. Entretanto, como muitas pessoas não estão preparadas para isso, usam o papel de vítima como a desculpa perfeita para não conseguirem realizar o que se propuseram a fazer há muito tempo. Em vez disso, preferem viver nesse estado imaginário de uma terra de ninguém emocional e ficar confortáveis e aconchegadas em sua zona de conforto. O crescimento é quase nulo, e, em longo prazo, isso cria insatisfação. Grande insatisfação.

PADRÃO DE AUTOSSABOTAGEM NÚMERO 5: TER UMA MENTALIDADE MIMADA

Você faz a mudança acontecer quando assume a responsabilidade por suas ações e toma seu destino nas próprias mãos. Nada se opõe a isso tanto quanto uma crescente mentalidade mimada, a crença de que se tem direito a várias coisas materiais e serviços intangíveis na vida, mas — esse é o ponto importante — sem dar nada em troca.

Gostaria de lembrar a vocês um fato importante. Nada na vida é "grátis". Se você quer algo, essa coisa tem que ser criada primeiro. Então, liberte seu desejo de alcançar. Comece a criar valores para outras pessoas. Entregue tudo com abundância e alegria. E, então, você deverá ter direito à única coisa que muitas pessoas, infelizmente, parecem esquecer na selva confusa dos direitos fictícios: o direito de viver uma vida realizada, feliz e que lhe satisfaz. Uma vida que é construída com base em seus próprios valores e sonhos e suas próprias visões.

PADRÃO DE AUTOSSABOTAGEM NÚMERO 6: QUERER AGRADAR A TODOS

O quão bom você é em dizer "não"? A resposta a essa pergunta é um indicador seguro do quão longe você chegou no caminho para se tornar um changemaker. Querer agradar a todos o tempo todo é um caminho direto para a insatisfação, porque você se distancia de seus valores e princípios pessoais e faz coisas das quais não tem certeza. Quanto mais você faz algo só para agradar a seu chefe, seus pais ou seus colegas, menos vive sua vida, e mais segue os objetivos e sonhos de outras pessoas.

Claro que não quero dizer que você deve renunciar completamente a ajudar outras pessoas e demonstrar simpatia e coleguismo. Muito pelo contrário. Porém, quando se trata de sua vida e de seu futuro, você deve se orientar para alcançar suas próprias expectativas. Querer deixar todos felizes faz com que você deixe o planejamento de seu futuro para outras pessoas. Uma vida autodeterminada assegura que você lide com seu cotidiano com diversão, felicidade e um profundo sentimento de satisfação. Portanto, aprenda a dizer não e desfrute da liberdade de tomar decisões que dependam de seus valores e desejos fundamentais. Falaremos mais sobre isso depois...

PADRÃO DE AUTOSSABOTAGEM NÚMERO 7: DESISTIR CEDO DEMAIS

Vamos a um dos pontos mais importantes. Há pessoas que implementam todos os atributos mencionados acima e, mesmo assim, não alcançam a mudança desejada no fim. Isso acontece por uma razão simples, mas muito decisiva: desistir muito rapidamente e jogar a toalha assim que os primeiros obstáculos aparecerem em seu caminho. A mudança simplesmente não existe sem contratempos, problemas e desafios. Quanto maior seu objetivo, mais pedras serão atiradas em seu caminho. A vida irá testar se você realmente está levando a mudança a sério. Além disso, quanto maiores forem os obstáculos, mais próximo você estará, muito provavelmente, de alcançar seu objetivo. Você tem que se esforçar muito nesses casos. As mudanças simplesmente precisam de tempo até se tornarem um hábito duradouro.

TODOS PODEM SER UM LÍDER

O dia 13 de julho de 2014 ficará na história porque, nessa memorável tarde de domingo, vários recordes foram batidos. A seleção alemã não só conquistou seu quarto título mundial de futebol, depois de 1954, 1974 e 1990, como, ao mesmo tempo, protagonizou a primeira conquista de uma equipe europeia em uma Copa do Mundo na América do Sul. Dois dias depois, quase um milhão de pessoas receberam efusivamente a equipe em frente ao Portão de Brandemburgo, em Berlim, e toda a Alemanha estava em estado de êxtase coletivo.

Toda a Alemanha? Bem, quase, porque, mesmo em momentos de intensa sorte, você pode encontrar aquelas pessoas que estão sempre vendo as coisas pelo lado negativo, e quem procura sempre acha. É tudo uma questão de foco. Lembra-se das transmissões de televisão? A dança feliz da equipe, chamada de "dança do gaúcho" pela mídia, foi fortemente criticada porque aparentemente estava ridicularizando a equipe perdedora, que era a Argentina. A comemoração dos fãs nas ruas de Berlim, na Straße des 17 Juni também foi comercial demais para muitos dos resmungões e, falando nisso, os supostamente insanos salários dos jogadores, que foram abençoados com todos os privilégios e nasceram virados para a lua, foram discutidos mais uma vez. Algumas pessoas conseguem encontrar uma nuvem escura no céu mais bonito e só parecem estar felizes quando podem reclamar, lamentar e resmungar de todo o coração.

Porém, tais declarações movidas pela inveja, pela insegurança e pelo ressentimento são geralmente apenas a expressão de um medo interior de falhar que é usado para se distrair da mediocridade. Dê seu melhor para se afastar desse tipo de pessoa e mude seu foco para os momentos bonitos, coloridos e satisfatórios da vida, que realmente existem em abundância. Sentir uma leve inveja é completamente normal, porque você é um ser humano, no fim das contas, e não um robô. O mais importante é como você lida com esses sentimentos. Um changemaker se encanta com o sucesso dos outros e se pergunta o que pode aprender com essas pessoas, e então começa sua própria jornada.

Mesut Özil, Toni Kroos e os outros onze rapazes de Joachim Löw (o treinador da equipe) fizeram exatamente isso muitos anos atrás. O presidente da Federação Alemã de Futebol, Wolfgang Niersbach, resumiu de forma muito bonita, em uma de suas entrevistas após a final, quando disse: "Os jogadores de nível internacional de hoje começaram como garotos normais que jogavam futebol em seus clubes locais. Após o Mundial de 1990, eles queriam ser como Lothar Matthäus, Jürgen Klinsmann ou Rudi Völler." Se você combinar um grande talento com uma forte vontade e muito trabalho duro, então um pequeno rapaz chamado Bastian Schweinsteiger, que chutou uma bola para o time do FV Oberaudorf aos três anos na liga infantil, pode se tornar o grande líder da seleção nacional, 27 anos mais tarde.

Se você está pensando "Ilja, por que você está escrevendo sobre futebol, quando este livro é sobre mudanças?", então, por favor, fique comigo. A seleção alemã é o exemplo perfeito de como o caminho do changemaker deve ser na prática. Por quê? Porque o time de Joachim Löw está cheio de jogadores com uma atitude positiva, que assumem a responsabilidade sem um título, uma posição ou permissão, e assim asseguram o extraordinário sucesso da equipe. Vamos ver a estrutura oficial primeiro. Durante anos, Phillippp Lahm foi o capitão do time. Enfrentou os desafios dessa posição com um enorme senso de responsabilidade e usou seu título hierárquico para fazer a equipe avançar. Ele sempre foi um pensador crítico, verbalizou sua opinião durante as entrevistas e enfrentou as perguntas dos repórteres mesmo após as derrotas. Além disso, mostrou verdadeira grandeza quando se aposentou da seleção imediatamente após o torneio, no auge de sua carreira, para abrir espaço para a próxima geração.

Ao mesmo tempo, também havia jogadores no time campeão mundial que não detinham título algum, mas ainda agiam como changemakers, que não esperavam pela permissão do treinador ou do capitão, mas ativamente expressavam a própria personalidade. Ao lado de Per Mertesacker (talvez você se lembre da famosa entrevista "Ice ton"), Mats Hummels, Manuel Neuer e, especialmente, o já mencionado Bastian Schweinsteiger, tiveram um papel importante na Copa do Mundo de 2014. Embora sem a braçadeira de capitão, este último assumiu a responsabilidade durante cada jogo e envolveu os companheiros de equipe com seu espírito, compromisso e vontade de vencer.

O quanto "Schweini" foi aceito como líder não oficial do time ficou evidente durante a cerimônia de premiação após o evento. Depois que todos os jogadores subiram e receberam a medalha, estava na hora da grande passada de mãos da taça. Começou dentro dos padrões. Como o mais alto membro da equipe, Phillipp Lahm recebeu o troféu e o ergueu alto e orgulhoso no céu noturno do Rio de Janeiro, mas não demorou mais de dez segundos para Bastian Schweinsteiger arrancar o troféu de suas mãos, e ele não o devolveu. Durante a volta olímpica que se seguiu, as fotos obrigatórias para a imprensa internacional e as exultantes comemorações com a torcida, tornou-se evidente para todos quem era o verdadeiro líder da equipe: Bastian Schweinsteiger, e, para aquela posição, ele não precisava de um título, de dinheiro ou de permissão, apenas de sua personalidade combinada com os atributos de um changemaker. É assim que uma atitude positiva funciona na prática. Essa atitude não foi assumida apenas por "Schweini", mas por todos os jogadores da equipe, mesmo por aqueles que não passaram um minuto do jogo em campo. E é disso que se trata o trabalho em equipe. Se cada membro trabalha para se tornar a melhor versão de si mesmo e trazer seus pontos fortes como um changemaker, então a equipe muda como um todo e enormes sucessos como a vitória da Copa do Mundo surgem.

Podemos aprender muito com esse exemplo em nossos empregos. Quando se trata de liderança e mudanças bem-sucedidas, muitas pessoas ainda pensam que precisam de um título, de dinheiro ou da permissão dos outros. A grande falácia que reina é que você tem que ser médico, advogado, CEO, gerente de departamento, chefe, aluno de pós-graduação, diretor, juiz, tesoureiro, professor ou capitão para impulsionar ativamente a mudança. Para esclarecer mais uma vez, se você detém algum desses títulos, isso é uma coisa maravilhosa porque lhe oferece a oportunidade única de empregar todas as suas qualidades de liderança e de changemaker e desenvolver ainda mais sua equipe. Porém, no fim, é sempre a sua personalidade individual que determina sua posição na vida e decide se você desenvolve ativamente a mudança ou prefere implementar passivamente o status quo. Por causa disso, a mudança bem-sucedida nunca está sujeita a fatores externos. Não importa o que está escrito em seu cartão de visita, mas quais ideias, decisões e ações você usa para influenciar seu ambiente pessoal.

Em cada organização, cada negócio e cada equipe, um único indivíduo pode contribuir para mudanças na própria esfera de influência. Não faz diferença se você é gerente de divisão, porteiro ou parte da equipe de manutenção. Você tem mais oportunidades do que pode imaginar. Cada pessoa pode ser um chefe trabalhador, um líder sem uma posição oficial ou um empresário sem um título. A pergunta importante é: você está esperando a permissão dos outros ou está iniciando mudanças que o aproximam de seus objetivos e sonhos?

A PERGUNTA QUE MUDA TUDO

Se você decidir não esperar mais, e sim implementar ativamente a mudança, inevitavelmente desfrutará de um monte de experiências extraordinárias. Você se destacará da multidão ao seu redor e será visto como um exemplo por muitos de seus companheiros. As pessoas vão admirá-lo por ultrapassar os próprios limites, indo contra a corrente e, consequentemente, agindo de acordo com seus valores. Porém, quanto mais você se afastar do caminho comumente trilhado, mais será olhado de forma crítica e, às vezes, até mesmo tratado com hostilidade. Veja isso apenas como um elogio à sua coragem e confie em seu caminho, mesmo que não seja o mais fácil deles.

Está pronto para tomar essa decisão? Como no filme *Matrix*, você pode escolher entre a pílula vermelha e a azul. Se escolher a vermelha, tudo ficará como sempre foi. A zona de conforto aconchegante e a mediocridade envolvente determinarão sua vida diária e a frase "sempre fizemos assim" se tornará seu mantra e sua companheira permanente. Porém, se escolher a pílula azul, você viverá a vida como um changemaker e poderá esperar por uma montanha-russa cheia de altos e baixos, o que rapidamente o levará a uma maior satisfação e plenitude na vida. Você será levado aos seus limites e se recuperará, apenas para ultrapassá-los em seguida. Porém, acima de tudo, vai aprender, crescer e viver no próprio sentido da palavra. Já fez sua escolha?

Eu sou um changemaker de corpo e alma. Não há nada melhor para mim do que ser produtivo, entregando valor aos outros por meio de meus discursos, livros e serviços, e ser capaz de administrar meu tempo como eu quiser. É provavelmente por isso que adoro ser empresário. A última dessas três afirmações, em particular, quase parece o paraíso, não parece?

Na realidade, porém, não é o paraíso, porque, como sempre, tudo na vida tem seu preço. Mesmo a possibilidade de administrar livremente seu tempo é acompanhada por uma enorme responsabilidade. Ninguém me diz o que eu devo ou não fazer. Nenhum chefe acompanha meu trabalho diário, nenhum colega me impede de trabalhar e nenhum supervisor decide o que é importante e o que não é. Tudo depende de mim. Se trabalho vigorosamente, orientado para os objetivos, meus clientes ficam felizes, a qualidade de meus produtos cresce e eu ganho um dinheiro decente. No entanto, se eu fico deitado na rede do jardim o dia todo, essa decisão também tem suas devidas consequências. Sabe o que mais? Adoro esse tipo extremo de responsabilidade. Isso é exatamente o que desafia o espírito de um changemaker: não depender de outros, mas pensar, decidir e agir independentemente.

Essa é uma mentalidade única que liga todas as pessoas que amam a mudança. A fome indomada por inovação. A ânsia de ganhar. A motivação interior que permanece intacta, mesmo quando fatores externos mudaram há muito tempo. Uma frase muito especial me ajudou não só a compreender, mas a viver essa mentalidade todos os dias. Durante uma viagem a Nova York, dirigi de Manhattan a Nova Jersey. No caminho, passei por um típico outdoor americano com oito palavras piscando em letras enormes que capturaram meu olhar, quase como mágica. Não me lembro qual era o produto ou a empresa de publicidade, mas a frase ficou marcada profundamente em minha mente, e tem sido uma espécie de princípio orientador para mim desde então. Dizia:

"O quanto você se esforça quando ninguém está assistindo?"

Se você pensar um pouco nessa questão, vai perceber quanta coisa está implícita aí. A resposta vai dizer se você faz várias coisas porque os outros esperam que você faça ou se está agindo pela própria motivação interior.

Se você é como a maioria das pessoas, então realiza a grande parte de suas tarefas diárias porque seu chefe está esperando que você faça isso, porque quer parecer ocupado para seus colegas ou porque está escrito em seu contrato de trabalho. Pelo menos em dois desses três casos, isso é perfeitamente aceitável, porque as obrigações são uma parte importante da vida. Porém, você cumpriria essas tarefas com a mesma diligência, a mesma intensidade e a mesma paixão se pudesse escolher e administrar seu tempo livremente? Provavelmente não, certo? Em um momento ou outro da vida, os changemakers acabam se libertando das expectativas externas e completando suas tarefas porque são movidos por uma profunda motivação interior 4.0. Porque eles têm padrões elevados, querem valorizar as outras pessoas e dar sentido ao que fazem diariamente.

Coisas maravilhosas acontecem assim que você começa a fazer a análise da planilha, não porque seu chefe quer, mas porque você sabe que o resultado de seu trabalho é importante para o sucesso da empresa. Você não liga para os clientes insatisfeitos só porque seu sistema o alerta para o compromisso, mas porque você está interessado em resolver os problemas deles. Quando seu *porquê* interior se torna suficientemente forte, isso o leva a fazer as escolhas certas mesmo em tempos difíceis.

Não se preocupe com os desafios que você vai enfrentar no futuro, continue se perguntando: "O quanto eu me esforçaria se ninguém estivesse olhando?" Siga a todo o vapor e comece a tornar seus planos realidade, não para outras pessoas, mas para si próprio. Tudo bem, você pode protestar agora: "Isso parece ótimo, Ilja, mas sou executivo de uma grande empresa (o mesmo vale para oficiais, professores, funcionários ou artesãos). Eu realmente não posso começar a agir como um changemaker empresarial."

No entanto, não importa muito qual é seu verdadeiro papel. Bem mais importante é quanta ênfase você coloca em seu trabalho. Você não precisa ter o próprio negócio para pensar como um empresário, porque, para mim, um empresário é menos definido por seu status legal do que por sua mentalidade. Você pode agir como um changemaker mesmo que seja um executivo, vendedor ou empregado. Claro que, quanto maior for a empresa em que você trabalha, mais diretrizes específicas terá que seguir, mas, por favor, nunca as use como desculpa para cair de novo no velho padrão de esperar para ver. Ou você está pensando e agindo como um empresário ou simplesmente não está. Ou você está liderando ativamente como um changemaker ou está gerenciando passivamente o status quo. Ou você está assumindo a responsabilidade ou reagindo de forma mais ou menos aleatória às circunstâncias externas.

Quero terminar este capítulo com uma citação do escultor romeno Constantin Brancusi, muito adequada neste momento: "Crie como um deus. Comande como um rei. Trabalhe como um escravo." Essa é exatamente a mentalidade que você precisa ter para poder caminhar pela estrada do changemaker. Desejo-lhe muitas experiências brilhantes ao longo do caminho.

RESUMO DO CAPÍTULO

PENSE, FAÇA, MUDE - AS GRANDES IDEIAS DESTE CAPÍTULO

- ✓ Você precisa de um motivo racional e emocional para uma mudança bem-sucedida.
- ✓ Torne-se um changemaker e leve uma vida autodeterminada.
- ✓ Assuma a responsabilidade e aprenda a tomar decisões.
- ✓ Seja sempre o primeiro. Coloque a mudança em prática e leve seus colegas e clientes com você.
- ✓ Ser corajoso significa começar, apesar de seu medo.
- ✓ Nunca ponha a culpa em alguém. Tudo depende de você.
- ✓ Não espere pela permissão de outras pessoas, comece você mesmo a mudança.
- ✓ O quanto você se esforça quando ninguém está olhando?

Não tenha medo das mudanças

Sua maior fraqueza é também sua maior força

*"May the good Lord shine a light on you. Make every song you sing your favorite tune. May the good Lord shine a light on you. Warm like the evening sun."**

- Rolling Stones, "Shine a Light"

Eu adoro perguntas porque elas têm um poder incrível. Durante meu trabalho como coach de gestão de mudança, muitas vezes testemunhei que uma única pergunta pode fazer a diferença entre paralisação e inovação, entre hesitação e ação, entre frustração e uma vida plena. Porém, mais ainda, sei do efeito das perguntas difíceis, que precisam ser feitas. Não sei o dia exato nem para onde ia. Tudo o que me lembro é que ainda era gerente de loja na maior empresa de varejo da Alemanha, a Karstadt. Eu dirigia meu carro a caminho de uma reunião de negócios da empresa. Para me distrair do tédio, coloquei um audiolivro no meu Audi A6 e estava me preparando para mais um conteúdo comum. Porém, de repente, sem aviso prévio, o narrador fez uma pergunta que sacudiria minha visão de mundo com um estrondo. "Quando você

* "Que o bom Deus ilumine você. Faça de cada música sua canção favorita. Que o bom Deus ilumine você. Quente como o sol da tarde."

se levanta de manhã, depois de tomar banho, vestir-se, tomar o café da manhã e se despedir da família, o trabalho que você está fazendo diariamente é realmente o que quer fazer na vida?"

Minha primeira resposta foi impulsiva. Impulsiva demais. Tinha, no fim das contas, o trabalho dos sonhos, pelo qual estudei muitos anos, trabalhei muito e sacrifiquei muito da minha vida pessoal. No entanto, fui apanhado pela pergunta, e ela começou a se debater dentro da minha cabeça. Enquanto tempo e espaço se confundiam ao meu redor, uma nova resposta, profundamente honesta, começava a chegar à superfície. Combinada com a percepção que se tornou cada vez mais aparente, de repente tive uma sensação que nunca tinha experimentado com tanta intensidade antes. Eu estava com medo. Terrivelmente assustado. Com medo da verdade.

Só anos mais tarde percebi que aquele tinha sido um importante ponto de virada em minha vida. Porque nada afeta tanto nossas decisões como o medo, que pode nos atrapalhar, nos fazer hesitar e nos paralisar. Por outro lado, também pode ser uma grande força motriz, motivadora e pioneira. Apesar de tudo, o tema do medo continua a ser um tabu em nossa sociedade. Não tememos nada tanto quanto admitir honestamente que temos medo.

No entanto, o medo governa a vida de cada pessoa neste planeta. Não há exceções. Caso se depare com uma daquelas pessoas que dizem que não têm medo, pode ter certeza de que estão mentindo para você. Todos sentem medo. Assim como você, o professor e o multimilionário inteligente; as crianças pequenas e os homens velhos e sábios; a dona de casa atenciosa e o CEO de uma empresa Fortune 500; o estagiário de dezessete anos e o papa. Somos todos movidos pelo medo. Essa é a principal razão pela qual fazemos certas coisas e não outras. Quer alguns exemplos?

- Nós não mudamos por medo do desconhecido.
- Assumimos apólices de seguro devido ao medo de uma perda.
- Por medo de envelhecer, nós entramos na faca no consultório do cirurgião plástico e injetamos botox nos lábios.

- Por medo de não nos encaixarmos a um grupo social, nós compramos carros, roupas e eletrônicos que realmente não podemos comprar.
- Não falamos sobre o que é importante para nós porque temos medo de ofender alguém.
- Cumprimos nossas rotinas diárias no trabalho apenas porque temos medo de sermos demitidos.
- Nós nos escondemos atrás de cercas enormes por medo de assaltos.
- Por medo da rejeição, usamos máscaras desconfortáveis e desempenhamos papéis que não combinam conosco.
- Por medo de engordar, começamos a correr ou nos inscrevemos na academia.
- Por medo de perder a segurança, não ousamos exercer a liberdade com que sonhamos.
- Por medo de morrer, perdemos a verdadeira vida.
- Por medo de não encontrar nada melhor, fazemos a viagem diária para um trabalho que nos frustra, nos faz infelizes ou até que odiamos.

No que mais você pode pensar? Eu poderia continuar para sempre com essa lista, mas acho que a questão foi esclarecida, não é verdade? Um tempo atrás, assisti novamente ao filme *Comer, rezar, amar,* com Julia Roberts no papel principal, e uma frase realmente se destacou para mim, já que chega ao cerne de toda essa lista de uma forma precisamente trágica: "Lidamos com a infelicidade por medo de mudanças, por medo de que tudo possa desmoronar.

Querendo ou não, o medo é um fator decisivo quando se trata de mudanças. Uma vida sem medo não existe, e quanto mais cedo você aceitar esse fato, melhor vai lidar com ele. Por ser tão importante, eu gostaria de enfatizar duas coisas:

1. É perfeitamente normal ter medo.
2. A forma como lidamos com o medo determina nosso nível de felicidade, de sucesso e nossa qualidade de vida em geral.

Vamos detalhar especialmente a segunda declaração neste capítulo. Como domar o seu medo? Como fazer do seu medo um forte aliado que o leva a usar todo o seu potencial? Como usar seu medo para implementar mudanças que você nunca pensou serem possíveis de alcançar? Assim que encontrar a resposta certa para essas perguntas, você terá a chave para um reino chamado Mudança, porque, quando você é capaz de transformar seu medo em energia produtiva, tem o aliado mais poderoso possível a seu lado.

O MEDO É SEU AMIGO

Sou um grande fã de bons filmes *blockbuster*. Adoro especialmente a série Batman com Christian Bale no papel principal. A última parte dessa trilogia é chamada *O cavaleiro das trevas ressurge*, e o ponto de virada da história ocorre em uma prisão abandonada onde o vilão, Bane, tranca Bruce Wayne, o Batman. Centenas de metros abaixo da superfície há apenas um poço íngreme que oferece uma possível rota de fuga para a liberdade. Muitos prisioneiros antes dele tentaram escapar ao horror dessa forma. Com apenas uma corda de segurança, eles subiam cuidadosamente até ao topo, pé ante pé, mas nunca alguém conseguiu fugir. Alguns tiveram sorte e só se feriram, mas a maioria deles morreu.

Após algumas semanas no calabouço, Bruce Wayne ousou tentar uma fuga, mas falhou, e o salto crucial sobre a fenda não aconteceu, até que um dia recebeu uma dica de seu sábio companheiro de cela. Ele disse: "Quer saber a razão pela qual você não está conseguindo? É seu medo."

"Não, não tenho medo. Eu estou com raiva", respondeu Bruce.

Ao que o velho contra-argumentou: "Mas como você pode ser extraordinariamente rápido, extraordinariamente forte e lutar por um tempo extremamente longo, se não pode contar com a maior força possível, o medo da morte?" Essas palavras tocaram direto seu coração, e Batman fez outra tentativa, mas dessa vez sem a suposta corda de segurança. O medo deu-lhe uma força inimaginável, e assim ele conseguiu subir o poço, fugindo para a liberdade e salvando a cidade de Gotham da destruição.

É claro que essa cena é trazida para a tela da maneira típica de Hollywood, com música emocionante e a quantidade certa de *pathos*, mas a mensagem está longe de ser diminuída: o medo é nosso melhor amigo, se permitirmos que o seja. Porém, ao mesmo tempo, esse é o grande desafio que impede que tantas pessoas se aproximem das mudanças necessárias e tornem seus sonhos realidade. Em vez de verem o medo como um poderoso aliado, elas se deixam dominar, impedir ou paralisar por ele. Então, elas se encontram em uma espiral negativa que só cresce, e da qual é muito difícil escapar. Os resultados são fatais, porque os medos que não enfrentamos tornam-se nossos limites. As dúvidas às quais cedemos transformam-se em paredes que tornam esses limites ainda mais fortes e difíceis de ultrapassar.

"Mas Ilja", você pode se opor agora, "é mais fácil falar do que fazer, porque as pessoas bem-sucedidas provavelmente não sabem nada sobre ter medo". Longe disso. Vou até alegar que a intensidade de seus medos aumenta proporcionalmente à medida que seus sonhos crescem, seus empreendimentos se tornam mais absurdos e suas mudanças se tornam mais corajosas. Não, deixe-me enfatizar mais uma vez: todo ser humano tem medo. A questão crucial, única e principal é como você lida com eles; se você se deixa paralisar por seus demônios internos ou se faz do medo seu melhor amigo. Para ajudá-lo a conseguir isso, gostaria de lhe apresentar meus quatro aniquiladores do medo mais eficazes.

ANIQUILADOR DO MEDO NÚMERO 1: ACEITE QUE NÃO TEM PROBLEMA TER MEDO

Por favor, nunca se deixe levar pela falácia de que ter medo é um sinal de fraqueza. Muito pelo contrário. Já mencionei que todos têm medo? Bom, então espero que tenhamos esclarecido isso de uma vez por todas e possamos ir para o próximo passo. É perfeitamente normal ter esses sentimentos, então você está no caminho certo para transformar essa suposta fraqueza em uma enorme força. Quanto mais lida com seus medos, mais você é capaz de encará-los ativamente, enfrentá-los e, no fim, superá-los. Isso rapidamente se transforma em uma espiral positiva que fortalece a si mesma. Todo medo derrotado ajuda você a aprender, crescer como pessoa e ficar mais forte.

ANIQUILADOR DO MEDO NÚMERO 2: ESTEJA CONSCIENTE DE SUA MOTIVAÇÃO

Você consegue se lembrar de uma situação na qual só mudou depois que a tensão psicológica ter se tornado insuportável? Muito provavelmente você hesitou em dar o primeiro passo importante várias vezes, porque seu medo de mudança (do desconhecido) era muito maior do que todas as coisas negativas que o incomodavam sobre o status quo. O raciocínio por trás disso costuma ser algo como: "Quem sabe se não vai piorar ainda mais?" Já ouviu isso antes? Já disse isso antes?

As pessoas com uma atitude positiva simplesmente viram o jogo a seu favor. Em vez de temerem as coisas desconhecidas no futuro, elas têm muito mais medo de que tudo fique como está, e esse sentimento as motiva, empurrando-as para a ação mais do que qualquer objetivo no mundo poderia fazer. Vou até mesmo afirmar que o medo é o maior motivador que alguém pode ter. O medo lhe fornece a máxima adrenalina, disciplina e resistência. A única questão é se você usa esses enormes recursos para se esconder ou se entra em ação e usa esse medo produtivamente para mudar.

ANIQUILADOR DO MEDO NÚMERO 3: CONTROLE O FILME DENTRO DE SUA CABEÇA

A maioria das mudanças é ótima. Infelizmente, só descobrimos isso depois que as fazemos. Antes, o filme das possibilidades dentro de nossa cabeça continua rodando. Em nossa mente, imaginamos, nas cores mais vibrantes, todas as coisas que poderiam dar errado, quão ruins serão as consequências e por que, definitivamente, não deveríamos mudar nada. O processo é quase sempre o mesmo. Temos uma importante tarefa a cumprir e, em teoria, sabemos exatamente o que temos que fazer. Porém, depois hesitamos e dizemos coisas como "não estou pronto", "sou velho demais", "sou jovem demais", "é muito cedo", "isso está acontecendo muito rápido", "isso está acontecendo muito devagar", "não vou conseguir fazer isso".

Parece familiar, não parece? Quanto mais você continua dizendo a si mesmo essas coisas, mais essas desculpas se transformam em uma profecia autorrealizada, mais o medo aumenta, e você perde aquele primeiro passo crucial. Reúna toda a sua coragem nessas situações e enfrente seus conflitos internos. Muitas preocupações simplesmente se dissolvem enquanto você está agindo.

Ninguém sabe disso tão bem quanto Jack Ma. Esse pequeno chinês, que é considerado o Bill Gates asiático, deixou a maior oferta pública da história para trás em 2015 e hoje é um multibilionário. No entanto, nem sempre foi assim. Ma cresceu pobre e foi reprovado duas vezes no exame de admissão da universidade antes de ter seu primeiro computador, nos anos 1990. Quando se conectou à internet durante esse momento especial, sentiu no fundo de si que aquela era uma invenção que iria mudar o mundo. Então, ele deixou seu emprego como professor de inglês, pediu dinheiro emprestado de seus amigos e abriu a loja on-line Alibaba.com, em 1999, sem nenhum conhecimento econômico ou técnico, bem em sua sala de estar.

Hoje, sua empresa tem 25 mil empregados e mais de trezentos milhões de clientes em todo o mundo. Recentemente, Jack Ma fez um discurso aos formandos de Stanford e revelou seu segredo de sucesso aos estudantes: "Atreva-se a fazer algo na vida. Trabalhe duro e corra riscos. Nada de mal pode acontecer."

Ele está certo. Sempre que você estiver enfrentando uma mudança no futuro, sempre que sentir dúvida, insegurança ou medo, recomendo que faça a si mesmo estas duas perguntas:

1. Qual é a pior coisa que pode acontecer?
2. Se o pior acontecer, eu serei capaz de encontrar uma solução para isso?

Você normalmente é capaz, porque a realidade nunca é tão ruim quanto o filme em nossa cabeça gostaria que acreditássemos às vezes. Mesmo no pior dos cenários, você é capaz de encontrar uma solução. Eu gostaria de lhe dar um exemplo. Quando tomei a decisão de abrir meu próprio negócio, tive muito medo de dar o primeiro passo porque o status quo era muito confortável. Eu tinha um emprego corporativo seguro, estava ganhando muito dinheiro, dirigia um carro da empresa e várias portas profissionais estavam escancaradas para mim. Era para eu desistir de tudo isso? Por algo que eu nem sabia se ia dar certo? Acredite em mim, o filme em minha cabeça estava rodando loucamente e pintando um quadro colorido de como eu fracassaria.

Porém, enfim, parei de fugir de meu medo e me perguntei: "Qual é a pior coisa que pode acontecer?" A resposta veio até mim rapidamente: um fracasso retumbante, meu negócio ir à falência e acabar se mostrando um sonho impossível. Essa era a pior coisa que poderia acontecer.

Com base nisso, eu me perguntei: "Se esse cenário se concretizar, eu serei capaz de encontrar uma solução?" A resposta me deu uma força adicional e um conhecimento reconfortante. Independentemente do que acontecesse, eu sabia que não ia morrer e que minha família ainda iria me amar. Eu tinha amigos com quem podia contar a qualquer momento e era qualificado o suficiente para ter a certeza de que iria sempre conseguir outro bom emprego. O que antes era medo tinha se transformado subitamente em uma coragem que mal podia ser contida, então eu disse a mim mesmo: "Vou fazer isso!"

ANIQUILADOR DO MEDO NÚMERO 4: COMECE A AGIR

Depois de se concentrar em possíveis soluções, é hora de dar o primeiro passo, pois os medos começam a desaparecer assim que começamos a enfrentá-los, e, uma vez que os superamos, eles nos tornam mais fortes, mais esperançosos e corajosos. Sempre que sentir dúvida, insegurança e medo, você deve prometer a si mesmo que vai tomar qualquer tipo de ação. Por menor que pareça um único passo, cada um nos aproxima um pouco mais de nosso objetivo.

Imagine que esteja caminhando por uma floresta escura e a única coisa que carrega com você seja uma pequena lanterna. Sua visibilidade é limitada a um metro devido à pouca luz, por isso você só caminha até onde consegue ver. Você volta a apontar a lanterna e continua seu caminho. Depois a aponta outra vez e continua a andar. É assim que você atravessa, passo a passo, o terreno desconhecido até alcançar seu objetivo.

Espero, sinceramente, que esses quatro passos sejam companheiros fiéis na transformação de seus medos em emoções produtivas. Se o medo é seu maior inimigo, então você está enfrentando um desafio que não pode vencer. Lembre-se da ideia a seguir o mais frequentemente possível: os medos que não enfrentamos se transformam em nossos limites. As dúvidas às quais cedemos se transformam em muros que tornarão esses limites mais fortes e difíceis de superar. Quero encorajá-lo a derrubar essas paredes e a ultrapassar seus limites mentais. Assim que o medo se tornar seu fiel aliado, você experimentará um maravilhoso sentimento de liberdade, mas, acima de tudo, libertará uma força interior, com a qual será capaz de realizar as coisas mais inacreditáveis.

MUDE COM UM PROPÓSITO

Dificilmente existe uma área de nossas vidas em que o medo domine tanto nossa forma de agir quanto nos negócios. Isso tem uma razão simples, porque em nenhum outro lugar dois dos mais importantes valores humanos se chocam de forma tão violenta. Estou falando da segurança, de um lado, e da necessidade de liberdade, de outro. Recentemente, durante um voo, li um estudo que afirmava que os novos funcionários já sabem, após cerca de duas semanas, se permanecerão na empresa por um longo prazo. Em média, as pessoas se demitem dois anos depois, devido à infelicidade. Na outra ponta é semelhante. As empresas normalmente sabem depois de três a seis meses se querem manter um novo funcionário, mas, mesmo que a resposta a essa pergunta seja negativa, elas normalmente não o demitem dentro dos três anos seguintes, em média. A razão para esse comportamento irracional? Simples e fácil: o medo. Medo de não encontrar um trabalho melhor. Medo de não apostar em um empregado. Medo de um possível conflito. E assim preferimos lidar com a alternativa, o que leva inevitavelmente a uma condição: descontentamento.

Eu mesmo vivenciei, há alguns anos, as consequências que tal comportamento pode ter quando fiz um discurso sobre a motivação dos funcionários em uma conhecida empresa de varejo. Na verdade, tudo correu como sempre, até que recebi uma ligação de minha agência de palestrantes alguns dias depois. Como o público ficou muito entusiasmado depois do discurso, eu esperava um feedback positivo por parte do cliente, mas estava enganado. Em vez disso, recebi uma queixa, porque dois gerentes de filiais deixaram seus empregos no mesmo dia. Os dedos foram apontados para mim porque eu falei sobre o significado do próprio trabalho, o poder da motivação 4.0 e a mudança ativa durante o meu discurso. Admito que a acusação mexeu comigo, na época, porque fiquei ponderando se e como poderia tê-la evitado.

O que me ajudou foi uma conversa com um empresário de quem eu era amigo, que me disse o seguinte: "Que tipo de empresa é essa que tem medo de que seus funcionários fujam assim que o foco muda para os valores e as condições da empresa? Pessoalmente, eu teria mais medo de que eles ficassem, mesmo que tivessem desistido mentalmente há muito tempo." Pois bem. Demasiados compromissos são assumidos pelos colaboradores, bem como pelas empresas. Você já deve ter ouvido falar do famoso estudo Gallup, certo? Agora ele vem sendo utilizado como material quase inflamável por palestrantes, escritores e intérpretes de todos os tipos, e diz o seguinte: em 2014, apenas quatorze por cento de todos os funcionários tinham fortes laços com as suas empresas. Em vez disso, 61 por cento tinham laços muito fracos, e um total de 23 por cento já tinham desistido mentalmente e só estavam presentes fisicamente (e às vezes nem mesmo isso: olá, atestado médico!).

Essas circunstâncias sempre me partem o coração, porque tal infelicidade gerada pelo medo nem sequer deveria existir. Uma vez que passamos a maior parte de nosso tempo acordados no trabalho, nada deve ser mais prioritário do que trabalhar em um emprego que nos desafia, que nos satisfaz e pelo qual somos gratos. Empresas de qualquer tamanho também devem fazer um esforço consciente para que seus funcionários se sintam bem-vindos e para ajudá-los a atingir seu potencial máximo. Empreendedores visionários há muito perceberam esse fato. Se as pessoas podem aplicar suas capacidades, seus talentos e seus pontos fortes no ambiente de trabalho certo, então elas são capazes de fazer contribuições extraordinárias.

Richard Branson, multibilionário, proprietário de mais de 260 empresas e fundador do grupo Virgin, resumiu isso muito fielmente em seu blog com a seguinte frase: "Dê a seus empregados uma missão que satisfaça suas necessidades. Se você desafiar as pessoas, ficará surpreso com o que elas são capazes de fazer." Conheço muitas empresas que entenderam essa conexão e investiram muita energia, tempo e dinheiro na criação de uma cultura empresarial duradoura, caracterizada por valores fortes. Pergunte a um colaborador da Zappos, IKEA ou Jack & Jones se ele conhece um colega que tenha desistido mentalmente. Posso prever que você vai receber muitos olhares curiosos.

É claro que também há muitas empresas que não dão importância a fazer da retenção de funcionários uma prioridade. Talvez você até trabalhe em uma delas. Seria a coisa mais fácil do mundo juntar-se ao coro de reclamões e queixar-se de como seu trabalho é horrível, mas eu gostaria de lembrar, neste momento, da força que a responsabilidade pessoal pode ter. Se você sentir o menor indício de infelicidade no trabalho, eu gostaria de convidá-lo a prometer a si mesmo mudar ativamente algo em relação a isso, aqui e agora. O que quero dizer com isso? Estou falando da responsabilidade para consigo mesmo de transformar sua profissão chata e frustrante em uma função significativa que você desempenhe diariamente com alta motivação, não apenas uma vez, mas todos os dias.

Lembre-se: um trabalho só é um trabalho comum se você decidir classificá-lo assim. Em vez disso, quase todas as ocupações imagináveis lhe dão a oportunidade de expressar seus talentos e habilidades únicas, mas isso só é possível se o que você faz durante oito (ou mais, em grande número de casos) horas por dia tiver um significado mais profundo e enchê-lo de satisfação pela manhã e de gratidão à noite. Então, vamos dar uma olhada em três possibilidades de usar o poder de uma ocupação útil para aumentar consideravelmente o grau de responsabilidade pessoal, sucesso e satisfação. Nada sufoca tão bem o sentimento de medo como pensar e agir com propósito, porque de repente você começa a agir fora de um estado de certeza que lhe fornece muita coragem e determinação.

FATOR SIGNIFICATIVO NÚMERO 1: NOTE O SIGNIFICADO EXISTENTE

Eu percebo o quanto as pessoas têm uma reação automática às coisas que elas não podem influenciar em seu local de trabalho. O supervisor injusto, os colegas preguiçosos e os clientes exigentes as incomodam. Reclamam das condições, da política da empresa e desejam os bons e velhos tempos de volta. Enquanto fazem isso, elas se esquecem de olhar para o lado positivo das coisas, para o que está funcionando e para o que faz de seu local de trabalho um lugar especial.

Estou totalmente convencido de que todo trabalho pode ter seu lado bom e um significado mais profundo — sim, todo trabalho mesmo, mas somente se você estiver disposto a perceber isso. Então, olhe bem de perto. Olhe para os valores de sua empresa, as partes que você adora em seu trabalho e as muitas coisas que lhe enchem o coração de alegria assim que você pensa nelas. Com esse foco, seu trabalho comum se transformará em uma ocupação significativa, moldada pela satisfação, que lhe permitirá a mudança para expressar sua própria grandeza.

FATOR SIGNIFICATIVO NÚMERO 2: CRIE SEU PRÓPRIO SIGNIFICADO

Se, após uma busca exaustiva, você não conseguir encontrar absolutamente nada de significativo em seu trabalho atual, por favor, sufoque o impulso de assumir o papel de vítima e, em vez disso, comece a agir. Li recentemente uma bela citação no Instagram: "O mundo está cheio de pessoas maravilhosas. Se você não consegue encontrar uma, seja uma." Faz sentido, não faz? E o mesmo se aplica à questão sobre o significado de nosso trabalho.

Até sua empresa, seu local de trabalho e a descrição de seu trabalho estão cheios de aspectos significativos. Se não conseguir encontrá-los, você mesmo terá que criar alguns. Há inúmeras oportunidades para dar sentido a coisas aparentemente sem importância como contabilidade, conversas telefônicas com clientes, conversas com colegas de trabalho ou a viagem de metrô até sua empresa.

"Mas, Ilja, que tipo de significado essas coisas poderiam ter?" Posso pensar em algumas possibilidades, por exemplo: porque é importante para um cliente específico, porque você está contribuindo com algo para a equipe, porque sua indústria tem um propósito social importante ou porque você quer ser um exemplo para seus colegas. Às vezes, o maior significado reside simplesmente em um único aspecto: o que você faz é a coisa certa a fazer. Porque você assinou um contrato, disse que ia fazê-lo ou porque alguém está confiando em você.

FATOR SIGNIFICATIVO NÚMERO 3: PARE DE FAZER COISAS QUE NÃO TÊM SIGNIFICADO

Eu garanto que você pode transformar seu trabalho comum em uma profissão significativa com essas duas opções em mais de 95 por cento dos casos. Porém, e se você não conseguir fazer ou criar nem sequer uma pequena centelha de significado em seu trabalho, não importa o quanto se esforce, você deve tentar encontrar uma alternativa significativa o mais rápido possível e seguir a notória sabedoria da mudança: ame-o, mude-o ou deixe-o.

O mero pensamento o assusta? Mas qual é a alternativa? Continuar fazendo coisas que o frustram, o restringem e o fazem infeliz durante oito horas por dia? Isso leva a quarenta horas por semana, 160 por mês e 1.920 por ano que você está gastando em um emprego que não gosta, que despreza ou que até odeia. Esse fato não deveria assustar muito mais? Enfrentar esse medo derruba as paredes mentais e cria um ambiente de vida e de trabalho que tem significado. Você não vai se arrepender.

O ÚNICO MEDO QUE VOCÊ DEVERIA TER

Franklin Delano Roosevelt proferiu uma frase em seu primeiro discurso como presidente dos Estados Unidos durante sua posse, em 4 de março de 1933, que ainda é uma das citações mais famosas da história: "A única coisa que devemos temer é o próprio medo." Parece muito lógico, não é? Porém, estou convencido de que é exatamente o oposto. A esta altura, a ideia de que todas as pessoas têm medos já entrou em sua cabeça, assim espero. Alguns deles são pequenos, outros, maiores. Porém, todos temos medos, até Bruce Springsteen, Tiger Woods ou Barack Obama. Não importa que grande pessoa admiramos por suas ações únicas, todas têm as mesmas dúvidas, inseguranças e os mesmos medos que você e eu. Uma vida sem esse sentimento simplesmente não existe. O medo do desconhecido é um resultado normal da ousadia de fazer uma mudança, de tomar decisões corajosas ou de seguir uma nova direção.

Não ter medo significaria, inevitavelmente, que temos uma vida de mediocridade, conforto e paralisação. Que não ousamos correr riscos, mas sim fazer o que é seguro. Que paramos de crescer como pessoa, paramos de evoluir e levamos uma existência mental miserável. Eu não sei quanto a você, mas só de pensar nisso, fico arrepiado.

Não, se esse é o preço que eu teria que pagar para viver uma vida sem medo, então estou feliz por cada pequena dúvida, cada insegurança e cada medo. Porque esses sentimentos não só me mostram que estou vivo, mas que estou no caminho certo para fazer algo que me fará crescer como pessoa. Afinal, os maiores avanços estão sempre nas mudanças que mais tememos.

Portanto, estou firmemente convencido de que existe apenas um medo que devemos ter — o medo de não ter mais medo. Atrevo-me até a afirmar que o grau de medo é um bom indicador de quão grandes são realmente nossos sonhos. Se você não sentir um pouco de dúvida e medo durante uma mudança, pode ter certeza de que seu esforço não é nem de longe desafiador o suficiente. Outra coisa é importante. Em retrospecto, a maioria dos medos revela-se infundada. É o filme em nossa cabeça que nos fornece constantemente cenários de horror detalhados que nos fazem hesitar e esperar. Porém, quando enfrentamos com sucesso esse medo, constantemente também nos damos conta de que a realidade não é tão ruim quanto as imagens em nossa cabeça nos fizeram acreditar. O medo é uma ilusão.

Acredite em mim, sei do que estou falando. Por anos, um de meus maiores receios era ter um branco no palco durante um de meus discursos. Imaginei vividamente todas as coisas horríveis que aconteceriam se esse quadro mental se tornasse realidade, e, um dia, aconteceu. Meus cenários pessoais de horror tinham se transformado em uma profecia realizada.

Eu estava em um grande palco. Luzes fortes brilhavam sobre mim e trezentas pessoas estavam sentadas na minha frente. Até aquele ponto, tudo corria bem. Eu estava completamente à vontade, o público ria muito e a energia aumentava cada vez mais à medida que os minutos passavam. Tinha acabado de contar uma história inspiradora sobre *bungee jumping*, e o público aplaudiu com entusiasmo. Aproveitando a experiência, eu me deixei levar pelo momento e estava prestes a chegar ao ponto seguinte quando, de repente, algo aconteceu. Exatamente nada. De um momento para o outro, minha mente ficou completamente vazia, eu estava sem palavras e tinha perdido completamente o fio da meada. O que eu mais temia de repente se tornou realidade. Experimentei um apagão clássico e estava desesperadamente à procura de uma oportunidade para sumir e morrer de vergonha, enquanto centenas de pares de olhos me encaravam com expectativa.

Não sei de onde veio o impulso, mas por alguma razão me lembrei do que sempre reitero em meus livros e discursos, ou seja, que é melhor fazer algo em vez de ficar paralisado. Então, comecei a agir e lentamente caminhei em direção à mesa dos alto-falantes onde estava localizado o meu MacBook Air. Lá, respirei fundo e tomei um gole de água e, de repente, sem qualquer aviso prévio, tudo voltou: minhas palavras, minha linha de raciocínio e também minha confiança. Retornei para o meio do palco e continuei a falar.

A vida real não é a melhor professora que existe? O que mais tememos não é tão ruim quanto esperamos que seja na maior parte do tempo. Muito pelo contrário. Se você lidar com seus medos, poderá transformar qualquer tipo de desafio em algo positivo no fim. Na verdade, o público nem havia reparado que eu tinha tido um branco. Todo esse drama se desenrolou exclusivamente em minha cabeça.

Houve um grande aplauso depois da minha palestra, e todos ficaram satisfeitos. A cereja no bolo foi um comentário de uma senhora da terceira fila, que se aproximou de mim com um sorriso e disse: "Sr. Grzeskowitz, isso foi ótimo, você realmente tocou meu coração. E sabe do que eu mais gostei? Da pausa que você fez após sua história sobre *bungee jumping*, quando caminhou lentamente até sua mesa. Isso realmente me deu tempo para pensar em minhas próprias mudanças."

A INTENÇÃO GANHA DE TUDO

Se você ousa superar dúvidas, inseguranças e medos de seu cotidiano, então vive no limite da sua zona de conforto. Porém, tal lugar, não conhecido por muitas pessoas, pode ser bastante solitário, porque a maioria prefere tomar o caminho mais fácil e concentrar-se na conhecida conveniência do que é considerado normal. Ao fazer isso, as pessoas continuam estreitando cada vez mais suas habilidades mentais e físicas, que estão sendo temerosamente guardadas atrás de muros altos. No entanto, é como o dramaturgo irlandês George Bernard Shaw disse uma vez: "O que precisamos é de alguns malucos. Olhe para onde as pessoas normais nos levaram." Portanto, gostaria de convidá-lo a ser uma dessas pessoas positivamente loucas, a pensar loucamente, agir corajosamente e viver uma vida plena.

Há pouco tempo, notei mais uma vez o quanto o mundo está esperando por pessoas como você quando li um artigo sobre a empresa

Google durante minha pesquisa. Lá, é uma regra oficial pensar louca e apaixonadamente. Se não fosse assim, a criatividade e a produtividade não seriam mantidas no mesmo nível, de acordo com o gerente entrevistado. Então, quão loucamente você já pensou hoje? O que faz seu coração bater um pouco mais rápido? O que quer que seja, você deveria estar fazendo essas coisas com mais frequência. Atreva-se a pensar em maluquices. Pouquíssimas paixões podem ser explicadas racionalmente, e no limite da zona de conforto é onde toda a magia acontece!

Seu dia a dia de repente se torna mais colorido, intenso e cheio de vida se você fizer coisas que nunca fez antes, tomar decisões corajosas e tiver experiências inestimáveis que imediatamente o deixam crescer como pessoa. Não quero dizer que, a partir de agora, você deva passar seus dias fazendo *bungee jumping*, alpinismo ou paraquedismo. Não, sua verdadeira zona de conforto é desafiada pela soma de todas as situações aparentemente pequenas da vida cotidiana: a reclamação constantemente adiada de um cliente, a decisão difícil no trabalho, a ligação desagradável a seu chefe ou a atuação corajosa quando todos os outros estão hesitantes.

Sei que isso não parece muito atraente, mas esses são os momentos que separam o joio do trigo, os momentos em que nascem os heróis do dia a dia. Além disso, quanto mais você superar seus medos por meio da mudança, mais irá empurrar os limites de sua zona de conforto e, antes que se dê conta, você inevitavelmente desencadeará uma invisível espiral positiva. Suas decisões tornam-se mais corajosas, suas ações, mais confiantes, e sua fraqueza anterior transforma-se em sua maior força.

Estou ciente de que isso parece muito mais fácil no papel do que é para implementar na vida diária. Porém, há um fator que pode ser um companheiro leal para você nessa estrada difícil. Talvez isto o surpreenda, mas não estou falando de tecnologia, nem de um método, e também não estou falando de um determinado processo. A chave que abrirá todas as portas para o sucesso em sua vida é sua própria intenção.

Não importa se você está se comunicando com seus colegas de trabalho, enfrentando uma negociação complicada ou se quer ensinar a seus filhos uma lição importante. Seus resultados sobem e descem com as expectativas que você coloca nas pequenas e grandes tarefas do cotidiano, porque a intenção ganha de tudo. Outros podem ser mais espertos, mais rápidos ou mais talentosos, mas, se você se aproximar de sua tarefa com a intenção certa, estará sempre aquele famoso passo à frente da concorrência.

O que quero dizer exatamente quando falo de intenção? Para mim, é a mentalidade com a qual realizamos as coisas. Uma clara expectativa do resultado final das próximas comunicações. A ausência de dúvidas e a profunda certeza de que você vai conseguir exatamente o que se propôs a fazer. Isso se aplica a discussões de vendas, conflitos e negociações, bem como ao flerte, às conversas com seus parentes e à criação de seus filhos.

Suas expectativas concretas podem variar, dependendo da situação, mas há um aspecto que você deve sempre aplicar de agora em diante. Entre em cada uma das comunicações com a intenção de que a outra parte saia melhor após o encontro. Assim, você abre a caixa de Pandora, que tem tesouros inesperados esperando por você.

Isso nos leva a outro importante fator de intenção: por que e como você está se comunicando com outras pessoas. Você se surpreende com o que diz porque você é bastante espontâneo? Você às vezes simplesmente troca algumas frases vazias porque é o esperado em certas situações? Gostaria de tornar a seguinte ideia atraente para você. Pare de entrar em conversas, discussões ou outras formas de comunicação sem ter um objetivo específico em mente. Comece a pensar no que você quer exatamente que as outras partes pensem, façam e, especialmente, como elas devem se sentir depois. Quanto mais claras estiverem suas expectativas sobre qual objetivo está tentando atingir, melhor você pode agir. Você ficará surpreso com a rapidez com que as pessoas podem sentir que você está agindo com as intenções certas. Quanto mais mudar seu foco para o exterior, para seus clientes, colegas de trabalho e familiares, mais rápido você alcançará seus objetivos. Tudo na vida gira verdadeiramente em torno de suas relações com outras pessoas.

Aqui está um exemplo. No ano passado, passamos as férias de família na Flórida, onde tomamos café da manhã no Denny's, em Fort

Lauderdale. Assim que nos sentamos, o garçom veio até nós. Seu nome era Bobby, e ele começou logo a brincar quando se apresentou. Ele nos trouxe os menus e perguntou: "Ei, você está pronto para a melhor rabanada da cidade?" Bobby, com certeza, conseguiu minha atenção.

E ele manteve seu padrão de qualidade. Tinha dois pequenos presentes para nossas filhas no bolso e deu à minha mulher um cupom que podíamos usar para economizar no jantar daquele dia. Bobby perguntou o que estávamos fazendo em sua cidade natal, contou-nos sobre seu tempo no Exército na Alemanha e continuou nos fazendo rir. Logo encontramos uma paixão em comum e começamos a falar sobre golfe, tênis e todas as outras oportunidades recreativas na área. Bobby nunca foi invasivo, mas conseguiu nos deixar completamente confortáveis em um piscar de olhos. Depois que acabamos a refeição, ele se ofereceu para reservar para nós o melhor lugar no restaurante para o dia seguinte.

Onde acha que comemos 24 horas depois? E, mesmo que esse Denny's não estivesse bem na esquina do nosso hotel, e tenho certeza de que haveria escolhas disponíveis, tomamos café da manhã lá todos os dias até nossa partida. Não por causa da comida incrível, pois não tinha nada de mais, e não por causa dos bons preços ou do ambiente, que não era tão especial. Escolhemos aquele restaurante estritamente por causa de Bobby, que conseguiu construir uma relação significativa durante nosso primeiro encontro. Isso fez com que nos sentíssemos confortáveis e, depois de quase uma semana, nós nos sentíamos um pouco em casa no Denny's, em Fort Lauderdale. Claro que também gastamos uma boa quantia de dinheiro com nossa comida, e a gorjeta de Bobby também foi mais do que generosa.

Porque eu estava tão fascinado por nossa lealdade àquele restaurante mediano, perguntei-lhe, quando nos despedimos no último dia, como ele conseguia ser tão amigável e cortês apesar do trabalho monótono como garçom. Ele riu por um momento e depois disse: "Bem, essa é fácil, eu simplesmente gosto de pessoas."

"Eu simplesmente gosto de pessoas." Essa frase resume perfeitamente o efeito das conversas intencionais. É sempre sobre pessoas.

Se você conseguir fazer uma conexão pessoal com seus colegas e clientes, as coisas mais incríveis vão acontecer. Quando as pessoas se sentirem confortáveis, agirão de acordo com isso. Seus rendimentos, o sucesso nas negociações e todos os resultados de suas comunicações estão diretamente ligados à intensidade das relações que você constrói com outras pessoas.

Outra coisa emocionante vai acontecer: você será capaz de lidar muito melhor com o medo de mudar, porque nada é tão poderoso quanto a intenção certa. Você não estará mais agindo de forma aleatória, arbitrária e trivial, mas começará a dar um significado específico a cada momento de sua vida. Isso se aplica aos pequenos problemas, mas especialmente aos grandes desafios.

O PODER DA INTENÇÃO

- A intenção traz clareza.
- A intenção reforça sua autoestima.
- A intenção elimina a dúvida.
- A intenção forma um laço invisível entre duas pessoas.
- A intenção oferece certeza.
- A intenção cria sentimentos positivos.
- A intenção substitui a arbitrariedade pelo significado.
- A intenção cria o foco certo.
- A intenção motiva.
- A intenção é mais importante do que todas as técnicas, todos os métodos e todos os processos combinados.
- A intenção ganha de tudo.

Sempre que você tiver um pouco de medo de fazer alguma coisa, deve usar deliberadamente sua intenção. Sua expectativa pode ser sua carta na manga que mantém o equilíbrio entre o sucesso e o fracasso. O melhor de tudo é que você estará completamente desvinculado de fatores externos porque sua intenção é algo que você pode controlar do início ao fim. Quanto melhor for nisso, mais confiante, convincente e bem-sucedido você será nesses momentos e, portanto, será capaz de desfrutar o inevitável passeio de montanha-russa.

Isso não significa que, de repente, tudo vai correr bem como se fosse mágica, que você não vai cometer mais erros e que não haverá momentos em que as coisas vão dar errado. Muito pelo contrário, são grandes as chances de que isso aconteça com frequência, porque aqueles que tomam muitas decisões às vezes estão errados. Porém, se você está agindo intencionalmente, nunca se arrependerá de seus fracassos, porque sabe que está no processo de superar seus medos, aprendendo com seus erros e crescendo como pessoa.

Agora gostaria de lhe fazer uma pergunta importante, meu caro leitor. O quão confortável você está no limite de sua zona de conforto? Como lida com a dúvida, a insegurança e o medo? Como anda sua intenção? Se olhar em volta, você vai perceber quantas pessoas usam várias máscaras em seus papéis como chefes, colegas, amigos, cônjuges ou vizinhos, a fim de disfarçar sua verdadeira personalidade. Você conhece pessoas em seu círculo social que funcionam quase como robôs no trabalho, que se comunicam de forma desajeitada e se deixam enquadrar em um molde existente? Essas mesmas pessoas se iluminam completamente quando chegam em casa à noite, onde brincam com seus filhos no quintal, riem com seus amigos e fazem o que é importante para elas.

Não nos enganemos, todos nós usamos esse tipo de máscara, às vezes mais, às vezes menos. A maioria delas nós mesmos escolhemos, porque acreditamos que temos que nos submeter a certas expectativas ou regras presumidas, mas, quanto mais confortáveis forem as máscaras escolhidas, mais nos distanciaremos de nosso núcleo interior. A razão, pura e simples, é o medo — medo de ter que se explicar, de parecer rejeitado ou simplesmente de ser você mesmo.

Como você consegue enfrentar esses medos e até mesmo superá-los? A solução está na raiz de suas intenções. Para chegar mais perto disso, gostaria de lhe fazer duas perguntas que têm o potencial de realmente chegar ao centro da questão. Para respondê-las, você tem que enfrentar seus medos e entrar em contato com seus verdadeiros desejos, seus conflitos internos e suas aspirações mais profundas. Essas são as coisas exatas que compõem suas intenções. Está pronto? Aqui estão as duas perguntas. Você está familiarizado com a primeira. É a questão que abalou minha visão de mundo há alguns anos:

Quando você se levanta de manhã, depois de tomar banho, se vestir, tomar café e se despedir de sua família, o trabalho que está fazendo diariamente é realmente o que você quer fazer na vida?

Já está suando? Aqui está a pergunta número dois:

Quando você chega em casa à noite, depois de oito horas de trabalho duro, e coloca a chave na porta, exausto, é exatamente esse lugar e essas pessoas com quem você amaria estar nesse exato momento?

É sempre fascinante para mim o quanto essas duas perguntas são poderosas. Eu as faço muitas vezes durante meus seminários e, ao longo dos anos, fiz uma descoberta incrível. Cerca de um terço das pessoas responde com um claro "sim" às duas questões, e um pouco mais da metade responde positivamente a pelo menos uma delas. Eu me pergunto há muito tempo por que esse número é tão baixo, mas hoje tenho certeza de que a razão é que muitas pessoas simplesmente levam uma vida que coloca os próprios desejos em segundo plano e é orientada para as expectativas dos outros, porque têm medo de dar o passo decisivo e das consequências possivelmente incontroláveis.

Como você se sentiu ao responder a essas perguntas? Foi capaz de responder com um retumbante "sim" ou sentiu um pouco de medo? De qualquer forma, você pode ficar feliz porque agora já deve saber como lidar com ambas as alternativas.

Lute por seus sonhos, mas nunca contra si mesmo.

Quanto mais você ousa expressar seus desejos interiores por meio de suas ideias, palavras e ações, mais significado coloca em seu trabalho, em seu negócio e em sua vida, porque de repente você está agindo com intenções objetivas, porque comunica o que você pensa, sente e quer alcançar de forma verbal e não verbal. Está na hora de dar o próximo passo e começar o caminho para criar a melhor versão de si mesmo. No próximo capítulo, veremos mais de perto a melhor maneira de fazer isso e o que exatamente essa atitude implica.

RESUMO DO CAPÍTULO

PENSE, FAÇA, MUDE – AS GRANDES IDEIAS DESTE CAPÍTULO

✓ O medo é o condutor decisivo quando se trata de mudanças.
✓ Todos, sem exceção, sentem medo.
✓ Os medos que não enfrentamos transformam-se em nossas limitações.
✓ Aceite que não há problema em ter medo.
✓ Pergunte a si mesmo "Qual é a pior coisa que pode acontecer?" e simplesmente comece.
✓ Prometa agir toda vez que tiver medo.
✓ Um trabalho só é comum se você decidir defini-lo assim.
✓ O único medo que você deve ter é o de não ter mais medo.
✓ Atreva-se a pensar loucamente e leve uma vida no limite de sua zona de conforto.
✓ A intenção certa ganha de tudo e é mais importante do que todas as técnicas, métodos e processos combinados.
✓ Lute por seus sonhos, mas nunca contra si mesmo.

Use sua singularidade

Por que é preciso ser espetacular?

*"When I was just a baby my mama told me: 'Son, always be a good boy, don't ever play with guns'. But I shot a man in Reno just to watch him die. When I hear that whistle blowin', I hang my head and cry."**

- Johnny Cash, "Folsom Prison Blues"

"Procura-se homens para viagens perigosas, salários baixos, frio de doer, longas horas de escuridão total. O regresso em segurança é duvidoso. Honra e reconhecimento em caso de sucesso." Com esse anúncio, o explorador polar britânico sir Ernest Shackleton estava à procura de corajosos companheiros para sua planejada expedição à Antártida, no ano de 1914. Não parece o típico anúncio de emprego que um gestor de recursos humanos moderno escreveria hoje, não é? Quem está disposto a correr esse risco? Quem suportaria de bom grado o frio, os meses de escuridão e a mínima chance de um retorno seguro? Porém, você ficaria surpreso, porque, para mais de mil homens e três mulheres, essas perspectivas pareciam ser a maior motivação quando se candidataram

* *"Quando eu era só um bebê, minha mãe me disse: 'Filho, sempre seja um bom menino, nunca brinque com armas de fogo.' Mas eu atirei em um homem em Reno só para vê-lo morrer. Agora toda vez que escuto aquele apito eu seguro minha cabeça e choro."*

para a expedição. Cinquenta e seis deles zarparam com sir Ernest Shackleton a bordo do navio ártico *Endurance* em direção ao Polo Sul.

E você, teria se candidatado a esse anúncio? Pergunto isso porque, neste capítulo, gostaria de entusiasmá-los com uma jornada que precisa de tanta audácia, coragem e ousadia quanto a expedição ao gelo eterno precisava há mais de cem anos. Estou falando do caminho para a singularidade individual, da coragem de viver seus próprios valores e de tornar seus maiores sonhos realidade. A viagem para se tornar fantástico. E não estou falando de modo algum sobre a tendência que está atualmente em voga — "O mais importante é ser diferente" —, que parece ter se tornado um mantra dominante para toda uma geração.

Não é verdade? Todos querem ser diferentes hoje em dia, a todo custo, aconteça o que acontecer. As razões nem sempre importam, o mais importante é ser diferente. É que a mentalidade de "sou totalmente diferente" é normalmente refletida em roupas, atitudes e, quando se trata de empresas, por ter os mais diversos canais de marketing. No entanto, a questão interessante é por que tantas pessoas se sentem quase compelidas a serem diferentes. Eu acho que é o desejo das massas de não fazer mais parte das massas. E esse desejo se transforma em uma busca por formas facilmente implementáveis de se diferenciar delas.

Apesar de tudo, tenho a sensação de que a maioria não está muito satisfeita com os resultados dessa filosofia. Quanto mais você tenta desesperadamente ser diferente, mais se distancia de sua identidade. Você vive de acordo com os valores e as ideias de outras pessoas e, enquanto faz isso, esquece o que é importante para você. Porém, para mim, a maior ironia é: se de repente formos todos diferentes, no fim, seremos todos iguais, certo? É por isso que gostaria de convidá-lo a pensar em uma ideia muito mais ousada.

Em vez de seguir uma mentalidade falsa de "ser diferente a qualquer custo" (e olhar para o exterior), vale a pena dar uma olhada em sua personalidade única (no interior). Somente quando você se permite mostrar seu próprio caráter único é que dá o passo decisivo para se diferenciar das massas, e ser único é algo completamente diferente do que ser apenas diferente. Seus valores, crenças, talentos, habilidades, conhecimento e identidade compõem sua personalidade única, se você ousar percebê-los e vivê-los externamente. De repente, você será diferente, mas de uma forma que é única para o mundo. Fantástico.

EXTRAORDINÁRIO, EM VEZ DE ORDINÁRIO

Nunca foi tão fácil destacar-se das massas e fazer a diferença. Para onde quer que olhe, você vai notar uma circunstância dominadora: a mediocridade. A maioria dos empregos é medíocre, a qualidade da maioria dos produtos e serviços é medíocre e a maioria do atendimento ao cliente é medíocre também. As massas não estão satisfeitas de verdade, mas também não estão completamente insatisfeitas.

Outro dia, enquanto esperava no aeroporto, observei uma conversa entre dois homens de negócios típica desse estilo de vida. Um dos senhores perguntou ao colega: "Então, como vai?"

O outro homem suspirou e respondeu: "Bem, indo. E você?"

Ao que seu interlocutor deu de ombros e disse: "O mesmo aqui. Só resta batalhar e enfrentar."

Tenho certeza de que você já teve uma conversa dessas antes, certo? A atitude em relação à vida na sociedade atual pode ser descrita com precisão como "mais ou menos". Apenas medíocre. E como a mediocridade está sempre tão presente, os planos de vida da maioria das pessoas também tendem a ir nessa direção. O trabalho em longo prazo, a relação com seu cônjuge e seus filhos, bem como o sentimento geral de satisfação acabam por estagnar e não fedem nem cheiram. Em vez de mudar ativamente todas essas coisas, você prefere lidar com a mediocridade e administrar o mal-amado status quo. Quem sabe se não pode piorar?

Está na hora de mudar isso, não acha? O guru de marketing Seth Godin, a quem admiro muito, disse duas coisas muito notáveis em seu livro *A vaca roxa: Como transformar sua empresa e ganhar o jogo fazendo o inusitado*. Por um lado, ele determinou que os padrões supostamente seguros em tempos de mudança em constante expansão se tornaram o novo risco. Além disso, ou você é invisível ou extraordinário como pessoa.

Na minha opinião, ele acertou em cheio. Se virarmos a primeira determinação de Godin de cabeça para baixo, temos uma estratégia muito boa. Correr riscos conscientemente tornou-se, há muito, o único caminho seguro. Agir em vez de esperar é o lema que você precisa continuar mentalizando diariamente. Estou firmemente convencido de que você só pode ter sucesso no momento presente se abandonar os caminhos mais trilhados e ousar iniciar ativamente as mudanças necessárias, e tomar decisões arriscadas às vezes, se você se despedir de suas desculpas e assumir a responsabilidade. Você só tem sucesso quando para de esperar e começa o caminho para encontrar sua personalidade individual. Acredite, em um mundo onde a mediocridade reina suprema, você vai se destacar em pouco tempo.

O maior risco hoje é tomar o caminho supostamente seguro, confiando em conceitos que há muito se tornaram obsoletos, e ceder à esperança de que tudo vai ficar bem. O físico dinamarquês Niels Bohr disse, uma vez: "As previsões são complicadas, especialmente se tiverem a ver com o futuro." No entanto, vou ousar fazer uma. Nos próximos dez anos seremos confrontados com mudanças que terão efeitos drásticos na sociedade, no mundo dos negócios e em nossa vida cotidiana. O que era o padrão ontem já pode estar ultrapassado hoje e mudar novamente amanhã. Os mercados estão se reinventando de forma dramática e os clientes se comportam de maneira completamente diferente do que há apenas alguns anos.

Relatórios sobre crises cambiais, guerras civis e recessões tornaram-se também uma parte normal da vida cotidiana. As grandes empresas vão à falência e uma enorme quantidade de empregos de hoje já não existirá em um futuro próximo. Tudo está mudando, nada permanece o mesmo. No entanto, mesmo em tempos de transformação rápida, há uma constante, um ponto X ao qual você pode alinhar com confiança seus planos de vida, a qualquer momento.

Estou falando de você. Você como pessoa. Sua singularidade. Você é o único fator no qual pode realmente confiar. Empregos, crises, empresas, tendências e mudanças vêm e vão, mas você estará sempre lá, e quanto mais solidificada for sua identidade individual, mais fácil será resistir a tempestades maiores, ventos fortes e desafios. Portanto, você deve investir em sua singularidade, em seu conhecimento, suas habilidades e seu desenvolvimento pessoal. O arriscado há muito tempo se tornou o novo seguro.

Para isso, é crucial que construa o seu caminho. Na sua maneira. Não um caminho que outros escolheram para você, mas um que o aproxime de seus objetivos, de suas expectativas e de seus sonhos. Não importa onde você esteja, em que negócio atue, em que ponto de partida esteja ou o quão bom tudo já seja hoje.

Trabalhei com centenas de empresários e executivos nos últimos quinze anos, os jovens e os velhos, os bons, os maus, os feios, os motivados e os desiludidos. Na soma dessas experiências, notei uma coisa: nunca se trata de ser o melhor em tudo. Muito menos se trata de se comparar com os outros; não só com pessoas que estão aonde você quer chegar há anos, mas também não com aquelas que você já passou há dois anos. Não, tais comparações não levam a nada. Em vez disso, trata-se de uma única coisa: crescer como pessoa e dar tudo para ser melhor do que ontem. De se tornar a melhor versão de si mesmo. De ser espetacular. Escondido dentro de você há tanto potencial, que você nunca deve ficar satisfeito com menos. Muitas pessoas desperdiçam descuidadamente seus talentos porque dizem a si mesmas que é impossível serem bem-sucedidas ou fazerem a diferença. Que ideia errada!

Imagine o que teria acontecido se Michael Jordan não tivesse passado tanto tempo treinando, e se tivesse jogado basquete apenas por hobby. Se Eric Clapton não praticasse guitarra sete dias por semana, mas se convencesse de que era perfeitamente suficiente tocar apenas em eventos na escola das crianças. Imagine se Salvador Dali não expressasse seus talentos por meio de pinturas excepcionais, mas ouvisse as objeções ao redor e se tornasse um funcionário público.

Meu coração ficaria contente se você tomasse neste momento a decisão de se lançar no caminho em direção a sua singularidade. Use o fogo dentro de você para fazer uma diferença externa e, por favor, nunca fique satisfeito com a mediocridade só porque ela se tornou o padrão social. Parta a toda velocidade de onde você está agora, ou, para dizer nas palavras de Martin Luther King: "Se um homem é chamado para ser um varredor de rua, ele deve varrer ruas como Michelangelo pintava, como Beethoven compunha música ou como Shakespeare escrevia poesia. Ele deveria varrer tão bem as ruas que todos os anjos do céu e pessoas da terra pararão para dizer: 'Aqui viveu um grande varredor de rua que fez bem seu trabalho.'"

A propósito, a expedição de sir Ernest Shackleton falhou. No eterno frio da Antártida, seu navio, o Endurance, foi esmagado por montes de gelo, algumas centenas de quilômetros antes de alcançar a linha de chegada. Durante quase um ano inteiro, a tripulação viveu em um banco de gelo, esperando que ele acabasse indo para o norte. Os homens dormiam em sacos de dormir congelados e sobreviviam com gordura de pinguim e com seus cães de trenó, os quais eles mataram um a um. Um dia, quando o gelo ameaçou se romper, eles se salvaram graças a uma operação desesperada. Primeiro, alcançaram uma ilha desabitada, antes de Shackleton e seus companheiros partirem para conseguir ajuda em um barco que tinha apenas seis metros de comprimento. Na verdade, depois de quinze dias intermináveis, eles conseguiram atravessar o tempestuoso Oceano Atlântico até uma estação de pesca de baleias na Geórgia do Sul. Três meses depois, resgataram o restante dos membros da equipe da ilha em um rebocador, quase dois anos depois de sua ousada partida para o gelo. "Consegui", dizia um telegrama enviado à mulher de Shackleton. "Nenhuma vida perdida atravessando o inferno."

SUA DECLARAÇÃO PESSOAL DE INDEPENDÊNCIA

Você ainda se sente à altura da expedição rumo à singularidade depois dessas palavras? Gostaria de lhes apresentar o meu anúncio:

"Procura-se homens e mulheres corajosos para uma viagem de tirar o fôlego. Sem pagamento. Trabalho duro. Meses inteiros cheios de dúvidas e contratempos. Constantes interrupções de reclamões, queixosos e sabichões. Regressar a sua antiga vida é impossível. Inacreditável liberdade e satisfação em troca da vontade de assumir total responsabilidade."

Você aceita? Ótimo! Mas não se engane, pois, infelizmente, esse caminho não é tão fácil quanto pode parecer inicialmente porque nos agarramos demais a nossa vida heterônoma e continuamos a amenizar as restrições que parecem quase óbvias em retrospectiva. Porém, em algum momento, os sinais se tornam esmagadoramente claros, e não podemos mais ignorá-los porque o medo de não mudar substitui de longe todas as conveniências, todas as desculpas e todos os hábitos. Está na hora de tomar uma decisão.

Lembro-me do momento exato em que fiz minha declaração pessoal de independência. Foi pouco tempo depois que comecei como gerente de loja na Karstadt, assim que terminei a universidade. Na época, eu tinha 27 anos, era completamente inexperiente e bastante tímido. Fui treinado por um funcionário mais antigo chamado Werner Zeller. Em nosso primeiro dia juntos, ele fez uma afirmação clara: "Grzeskowitz, parabéns por ter se formado na universidade, mas aqui ninguém se importa. Posso apostar que você vai se esquecer de tudo o que aprendeu lá, porque no negócio do varejo existem diferentes competências necessárias." Hoje, eu sei que ele tinha razão, mas, naquela época, fiquei completamente intimidado.

Na verdade, seis meses depois, minha situação não tinha melhorado em nada e toda a minha condição emocional podia ser facilmente resumida em uma palavra: frustração. Todos os meus colegas de trabalho do programa de *trainee* estavam sendo promovidos rapidamente e se mudando para locais empolgantes. Eu era o único que estava permanentemente em espera e um dia fiquei assustado porque me prometeram uma pequena loja de departamentos em uma cidade chamada Duisburg Walsum, que tinha a previsão de ser fechada no ano seguinte. Porém, continuei esperando que alguém fizesse algo a respeito e me perguntei por que as coisas não melhoravam. Um dia, tive um golpe de sorte. O gerente da loja dos meus sonhos estava prestes a se aposentar e precisava de um sucessor.

Então reuni toda a minha coragem, entrei no escritório do meu chefe e disse, com toda a determinação que tinha: "Chefe, nada na Terra é tão importante para mim quanto essa posição. Precisamos conversar." Então nós conversamos. Por cerca de um minuto. No primeiro momento, ele olhou pela janela, e então disse: "Ilja, sei que quer estar no comando daquela loja, mas, em primeiro lugar, você ainda não está pronto e, segundo, nós com certeza temos melhores opções do que você. Prefiro ver você em Duisburg Walsum." Foi isso mesmo. Fim da conversa. Ainda me lembro de como me senti decepcionado quando deixei o escritório. Fiquei tão frustrado que disse à minha namorada: "Acho que vou pedir demissão."

Porém, felizmente para mim, ela respondeu: "Ah, meu querido, claro que você pode fazer o que quiser, mas não me lembro de ter me apaixonado por um homem que desiste das coisas."

Aquilo me impactou, mas foi o impulso necessário que eu precisava. Comecei assumindo a responsabilidade. Meu chefe estava certo. Eu ainda não estava pronto e outros eram melhores do que eu porque esperei por tempo demais para que os outros fizessem alguma coisa e me esqueci completamente de tomar medidas por mim mesmo. Naquele momento, toda a minha frustração foi transformada em clareza, e jurei para mim: "Isso nunca mais vai acontecer. Nunca, em toda a minha vida, vou esperar que outros sejam responsáveis por minha carreira, por meus resultados e por meu futuro. A partir de hoje, arregaçarei as mangas e serei tão bom que não poderei ser ignorado!" Com isso, a minha vida nunca mais foi a mesma.

Você provavelmente está se perguntando se eu tenho agido somente de forma independente e responsável desde essa declaração de independência; é claro que a resposta é um retumbante "não". Por fora, tudo continuou como sempre foi. Os velhos hábitos são difíceis de abandonar. Porém, dentro de mim, uma consciência que eu nunca tinha conhecido começou a se desenvolver sempre que eu estava fazendo algo que ia contra meus valores, minhas crenças e minhas ideias principais sobre a vida. Quanto mais prestava atenção nisso, menos estava disposto a desistir sem lutar. Eu estava pensando diferente. Estava tomando decisões diferentes. Cada vez mais, comecei a agir de forma diferente, mas, na verdade, demorou mais de seis anos para eu acompanhar minha rebelião interior com ações externas decisivas, quando deixei meu trabalho como gerente e comecei tudo de novo do zero.

Às vezes parece ironia do destino que, visto de fora, eu estivesse no auge da minha carreira naquele momento. Ao mesmo tempo, tinha atingido o fundo do poço emocionalmente. Porém, essas emoções intensas pareciam ter sido necessárias para me pôr em ação. Eu gosto de falar sobre ter duas vidas desde então: uma vida antiga, na qual trabalhei como gerente de uma grande empresa, na maioria das vezes insatisfeito; e uma vida nova, na qual tive que trabalhar para crescer mais uma vez e na qual os primeiros momentos foram difíceis. No entanto, cada quilômetro dessa viagem valeu a pena, porque sinto um equilíbrio interior e uma satisfação que só conheço desde que penso e ajo por conta própria, de acordo com minhas próprias visões, porque me escolhi como a constante mais importante em um mundo de mudanças permanentes. Eu tinha dado a mim mesmo permissão para ser fantástico.

Estou completamente livre? Não, claro que não. Ainda existem situações em que os meus planos se baseiam nas decisões de um cliente, prestador de serviços ou parceiro de negócios. Porém, a grande diferença é que eu mesmo posso escolher isso, a qualquer momento. Hoje tenho a liberdade de recusar um contrato, atribuir um serviço necessário a outro fornecedor e escolher conscientemente meus parceiros de negócios. É claro que o dom de escolha não vem sem a obrigação de responsabilidade, mas acredite em mim, eu não trocaria essa combinação por nada no mundo.

Admito que minha consequência parece muito radical vista de fora e não quero lhe incitar a dar um passo como esse em sua vida. Há muitas oportunidades para resolver seus conflitos internos de uma maneira diferente, mas eu sempre acreditei em "fazer o que você prega". Durante anos, fiz tudo para dar sentido ao meu trabalho e alcançar os melhores resultados possíveis em conjunto com minha equipe. Porém, se você muitas vezes sente que não pode fazer mais nada, então chegou a hora de tomar uma decisão. Amá-lo, mudá-lo ou deixá-lo.

E isso nos leva ao próximo ponto importante. Esta é uma bússola muito confiável para tomar decisões diferentes. Estou falando dos valores, das normas e regras que orientam sua vida diária e que são um guia confiável nos bons e nos maus momentos. Então, vamos ver de perto o poder dos valores. Está pronto para a próxima etapa de nossa expedição? Está na hora. Levantar âncora! Estamos saindo do porto!

A RENASCENÇA DOS VALORES

Por que você está levando a vida que leva? Por que escolheu sua profissão? Qual é sua motivação quando as coisas não estão indo tão bem? A resposta a essas três perguntas é a mesma: são seus valores. Esse assunto me fascina há anos, porque nada tem tanto impacto em nossas decisões, nossos padrões de comportamento e resultados quanto nosso sistema de valores internos. O que quero dizer exatamente com isso? A Wikipédia tem as seguintes definições: "Os valores podem ser definidos como preferências amplas em relação a cursos de ação ou resultados apropriados. Como tal, os valores refletem o senso de certo e errado de uma pessoa ou o que 'deveria' ser. 'Direito igual para todos', 'reconhecimento da excelência' e 'tratamento digno e respeitoso' são exemplos de valores. Os valores tendem a influenciar atitudes e comportamentos."

Gosto de ir um pouco mais direto ao ponto e descrever valores como "características desejáveis (ou não) que servem como um padrão de avaliação em nossa tomada de decisão". Para que você tenha um entendimento adequado dessa afirmação, gostaria de apresentar uma pequena (e incompleta) lista de valores para você. Aqui, eu diferencio entre os valores que nos esforçamos para atingir e que têm uma conotação positiva para nós daqueles que gostaríamos de evitar e que encaramos como negativos.

VALORES POSITIVOS DE A A Z

Aceitação, Afiliação, Altruísmo, Amizade, Amor, Atividade, Autorrealização, Calor, Camaradagem, Carisma, Carreira, Clareza, Compaixão, Competência, Compostura, Comprometimento, Confiabilidade, Confiança, Contentamento, Coragem, Criatividade, Cuidado, Democracia, Desafio, Desprendimento, Disciplina, Distanciamento, Diversão, Educação, Eloquência, Equilíbrio, Espontaneidade, Facilidade, Fama, Família, Fantasia, Felicidade, Força, Frugalidade, Fé, Generosidade, Gosto pela vida, Habilidade com conflitos, Harmonia, Higiene, Honestidade, Honra, Hospitalidade, Humanidade, Humildade, Humor, Igualdade, Imparcialidade, Independência, Individualidade, Integridade, Inteligência, Justiça, Lar, Lealdade, Liberdade, Mente aberta, Mudança, Obediência, Objetividade, Obrigação, Paixão, Parceria, Paz, Perseverança, Personalidade, Poder, Pontualidade, Pragmatismo, Preocupação, Princípio, Prudência, Razão, Reconhecimento, Regulação, Respeito, Responsabilidade, Riqueza, Sabedoria, Saúde, Segurança, Senso de comunidade, Senso de dever, Sexualidade, Sociabilidade, Solidariedade, Sorte, Suavidade, Sucesso, Superioridade, Tolerância, Tradição, Verdade

VALORES NEGATIVOS DE A A Z

Arrogância,
Atraso,
Avareza,
Bagunça,
Brutalidade,
Ciúmes,
Conflito,
Covardia,
Crueldade,
Culpa,
Cultura de dependência,
Desconfiança,
Desânimo,
Deslealdade,
Desonestidade,
Desonra,
Desperdício,
Doença,
Estagnação,
Estresse,
Estupidez,
Falsidade,
Falta de confiabilidade,
Falta de disciplina,
Falta de humor,
Falta de liberdade,
Falta de sociabilidade,
Falta de sorte,
Fingimento,
Força bruta,
Fracasso,
Fraqueza,
Fraude,
Frustração,
Futilidade,
Ganância,
Gula,
Hostilidade,
Humildade,
Impasse,
Implacabilidade,
Incompetência,
Indecisão,
Indiferença,
Infidelidade,
Ingenuidade,
Inquietude,
Insegurança,
Intolerância,
Inveja,
Irresponsabilidade,
Letargia,
Mau gosto,
Medo,
Mentira,
Monotonia,
Negatividade,
Ódio,
Passividade,
Pobreza,
Pomposidade,
Preguiça,
Primitivismo,
Raiva,
Recusa,
Rejeição,
Resistência,
Ressentimento,
Solidão,
Tédio,
Teimosia,
Tortura,
Traição,
Violência

Essas duas listas mexeram um pouco com você? Gostaria de fazer duas perguntas:

1. Quais são seus dez valores positivos mais importantes?
2. Que dez valores você quer evitar completamente em sua vida?

Eu realmente recomendo que você dedique algum tempo a essa reflexão e, por favor, esteja muito atento a uma coisa. Há uma enorme diferença entre os valores que vemos intelectualmente como positivos e aqueles com base nos quais vivemos e agimos. Você pode colocar isso à prova. Pergunte a uma centena de pessoas quais são seus valores mais importantes, e em pelo menos noventa por cento dos casos você irá receber "honestidade" como resposta. Porém, assim que a próxima situação de conflito aparecer, elas deixarão muito a desejar e procurarão mentiras agradáveis, manterão informações em segredo ou terão muito medo de expressar uma opinião honesta e não serem politicamente corretas.

Apenas suas ações são um espelho direto de valores. Nada mais. Se a pontualidade for importante, você nunca chegará atrasado. Se a honestidade for um valor importante, você preferirá lidar com as consequências negativas de não mentir. Se considerar a frugalidade como desejável, você nunca jogará dinheiro fora. Em geral, pode-se dizer que é possível determinar exatamente o que é importante para você e o que prefere evitar olhando para seus valores.

Agora, voltemos ao espelho. Aprendi sobre a correlação entre nossos valores e o comportamento correspondente da maneira mais difícil, muitos anos atrás. Para entender isso, você tem que saber que a família sempre teve um grande peso em todas as minhas listas. Intelectualmente, fazia todo o sentido, porque nada era mais importante para mim do que minha mulher e minha filha, então muito nova. Eram tão importantes que eu estava constantemente falando sobre elas com meus colegas de trabalho e amigos. Ainda hoje me lembro disso, da compreensão que me atingiu como uma pedra quando um colega de quem eu era amigo me confrontou com a seguinte afirmação: "Ilja, se a família é tão importante para você, por que você ainda está no escritório às nove horas da noite pela quarta vez nesta semana?" Como primeiro instinto, eu queria explicar minhas razões, queria argumentar que era apenas uma exceção, mas logo percebi que tudo que eu pudesse dizer seria uma desculpa barata — embora uma desculpa muito lógica e plausível, mas, por mais que eu desejasse que fosse diferente, uma desculpa inútil.

Foi preciso muita coragem para admitir a verdadeira razão pela qual eu estava fazendo aquilo comigo mesmo: naquela época, minha carreira era simplesmente mais importante para mim do que minha família.

Tenho que admitir que essa percepção me corroeu bastante porque, em minha mente, minha família era a coisa mais importante de todas, mas meu comportamento mostrava algo completamente diferente. Como diz a velha frase: "Não consigo ouvir as suas palavras, suas ações falam alto demais!" Porém, eu não queria aceitar aquela situação e sabia que tinha que mudar alguma coisa. Basicamente, tinha duas opções. Ou mudava minha hierarquia de valores e aceitava o fato de que, naquele momento, minha carreira era minha maior prioridade, ou mudava meu comportamento para me alinhar aos meus valores. E foi exatamente isto que eu escolhi fazer: não focar mais meu tempo no escritório, mas na eficiência e nos resultados. A conclusão foi que eu não só fiquei mais satisfeito, como também passei a trabalhar com mais motivação e diversão.

Espero que uma coisa tenha ficado muito clara com esse exemplo. Trabalhar com seus próprios valores parece simples e fácil em teoria. Você escreve alguns termos desejáveis que lhe soam bem e que gostaria de ter em sua vida. O problema é que não importa o que escrevemos em um pedaço de papel, a única coisa que conta é sempre os valores segundo os quais agimos — e esses nem sempre são idênticos aos que gostaríamos de ter. Isso se deve a uma causa simples, mas muitas vezes negligenciada. Nós avaliamos nosso comportamento, nossas ideias e nossos valores com base em nossas intenções, mas os das pessoas ao nosso redor, analisamos exclusivamente com base em seus resultados. Se usássemos a mesma medida para nós mesmos, muitos assistiríamos à própria visão de mundo se desfazer como um castelo de cartas. Gostaria de lhe dar outro exemplo. Por favor, imagine que sua lista inclua os valores paz e integridade bem no topo. Você está plenamente convencido e, é claro, nunca agiria contra seus princípios pacifistas. Porém, um dia você se encontra em uma situação terrível. Perdeu seu emprego, tem que pagar vários empréstimos e tem quatro crianças famintas em casa que olham para você cheias de esperança e com o estômago vazio a cada noite. Infelizmente, não é assim tão fácil arranjar outro emprego e as suas dívidas estão lentamente ameaçando engoli-lo.

Um dia, você recebe a oferta de um emprego fenomenal em uma posição de gerência com direito ao carro da empresa, benefícios generosos e um salário que excede de longe suas expectativas mais loucas. Você sabe que só tem que dizer "sim", e todos seus problemas serão resolvidos rapidamente. Você teria um emprego ótimo e desafiador. Suas dívidas desapareceriam e sua família teria o suficiente para comer. No entanto, há um porém. O trabalho vem de um fabricante de armas que fornece seu produto a várias regiões em crise no mundo. Como você vai decidir com base nesses pré-requisitos? Seus valores são suficientemente importantes para você a ponto de fazê-lo renunciar à segurança financeira de sua família, em um piscar de olhos, ou a liberdade e a integridade são mais uma aspiração teórica?

Mesmo sendo apenas uma consideração hipotética, a decisão não é tão fácil, não é? Nós ainda agimos diariamente de acordo com esse princípio. Temos que tomar nossas decisões com base em nosso sistema de valores individuais, tanto para coisas pequenas como para grandes, no trabalho, em nossos relacionamentos e em nossa vida cotidiana. Quanto mais solidificamos nossos valores, mais fácil será tomar uma decisão clara e irrefutável. Como veremos mais tarde, cada mudança duradoura começa exatamente assim. Por isso, gostaria de entusiasmá-lo com um olhar crítico e intenso sobre seus valores pessoais e íntimos. Porque sempre que seus valores e seu comportamento estão em conflito um com o outro, você tem uma sensação de insatisfação, sente que está em um impasse ou não alcança os resultados desejados. Portanto, aqui está a minha lista de verificação para um ótimo alinhamento de seu sistema de valores individuais.

DEZ PASSOS PARA O ALINHAMENTO DE SEU SISTEMA DE VALORES INDIVIDUAL

1. Escreva todos os valores que são importantes para você. Seja criativo. Faça um brainstorm. Como sempre, a melhor maneira de fazer isso é com uma caneta e seu diário.

2. Escolha os dez valores mais importantes de sua lista.
3. Organize esses valores em ordem hierárquica, com seu valor mais importante em cima, seu segundo valor mais importante logo abaixo, e assim por diante.
4. Repita isso com os valores negativos que você quer evitar a todo custo.
5. Verifique se algum valor das listas está em conflito com outro (por exemplo: liberdade e segurança ou reconhecimento e rejeição). Se você se deparar com um conflito de valores, substitua o que for menos importante por uma alternativa motivadora.
6. Verifique se seu comportamento diário está em harmonia com seus valores mais importantes. Caso se depare com um conflito, você tem duas opções. Primeira: substituir um valor por um novo que se enquadre em seu comportamento. Segunda: ajustar conscientemente seu comportamento com base no valor.
7. Adapte sua lista até ter um total de vinte valores que reflitam seus maiores sonhos, pontos de vista e atributos, e que se encaixem com sua vida futura (dos sonhos).
8. Integre seus (novos) valores em sua vida diária; preste atenção para agir de acordo com os mais importantes na tomada de decisões.
9. Faça isso até que seu sistema de valores escolhido conscientemente tenha se tornado uma base automatizada e habitual para suas decisões e seu comportamento.
10. No início, repita o processo a cada quatro meses, depois, uma vez por ano.

Quanto mais você lidar com os próprios valores individuais, mais vai perceber a importância dessa peça do quebra-cabeça para a expressão de sua personalidade extraordinária. Quanto mais você for capaz de se apoiar em valores fortes e profundamente enraizados, mais se verá como um changemaker, porque estará vivendo a filosofia *pense, faça, mude* com cada fibra de seu ser.

Mesmo que todas as pessoas no mundo tenham os próprios sistemas de valores individuais, há alguns valores universais que interligam todos os changemakers.

Os mais importantes são:

VALOR NÚMERO 1 DOS CHANGEMAKERS: RESPONSABILIDADE PESSOAL

Essa expressão é provavelmente a mais usada em meus livros e por uma boa razão. Nada é tão importante quanto assumir a responsabilidade pelas próprias ideias, decisões e ações. Sem exceção. Sem meios-termos. Sem desculpas.

VALOR NÚMERO 2 DOS CHANGEMAKERS: CORAGEM

Quem se atreve a deixar os caminhos já trilhados e implementar mudanças sem um título, dinheiro ou permissão precisa, inevitavelmente, de muita coragem. Por quê? É simples, novas ideias são muitas vezes ridicularizadas no início e até combatidas.

VALOR NÚMERO 3 DOS CHANGEMAKERS: RESPONSABILIDADE PELOS OUTROS

Verdadeiros changemakers são sempre personalidades individuais, mas também assumem a responsabilidade por seus colegas, amigos e familiares sem questionar. Por quê? Porque eles sabem que o sucesso só é possível em equipe!

VALOR NÚMERO 4 DOS CHANGEMAKERS: HABILIDADE DE TOMAR DECISÕES

Tome sempre suas decisões pontualmente, de forma clara e direta. Nada dá a seu ambiente (e a você mesmo) uma orientação mais clara do que a certeza de que você é capaz de tomar uma decisão. Mais adiante, veremos mais de perto como isso funciona exatamente.

VALOR NÚMERO 5 DOS CHANGEMAKERS: CLAREZA

Não se enrole, mas cumpra sua palavra, suas decisões e suas opiniões. Quanto mais claramente você se comunicar, mais confiável será como chefe, colega de trabalho, amigo ou parceiro.

VALOR NÚMERO 6 DOS CHANGEMAKERS: DISCIPLINA

Não pense que o trabalho duro não está à sua altura, faça tudo para alcançar os objetivos que estabeleceu para si mesmo. Isso requer uma enorme disciplina. Você se lembra da citação de Brancusi? "Crie como um Deus. Comande como um rei. Trabalhe como um escravo."

Porém, não são apenas os valores positivos que conectam os changemakers desse mundo uns com os outros, há também alguns que você deve evitar por completo. Em minha opinião, esses valores negativos são os maiores obstáculos ao sucesso que existem.

OBSTÁCULO PARA O SUCESSO NÚMERO 1: INVEJA

Esse valor é sinal de uma deficiência interior que você deve desafiar e deixar para trás. Sempre que experimentar um indício desse sentimento (e você vai sentir, porque, no fim das contas, não é um robô), desvie dele. Fique feliz pela pessoa que você inveja do fundo de seu coração.

Se gostaria de ter o que ela conseguiu, pergunte-se: "O que eu tenho que fazer para alcançar o mesmo?" Essa é a forma de pensar que o levará ao sucesso.

OBSTÁCULO PARA O SUCESSO NÚMERO 2: NEGATIVIDADE

Não sou de modo algum fã de andar constantemente com óculos cor-de-rosa, mas há uma coisa que sei com certeza: quem vê tudo constantemente sob uma luz negativa, concentra-se em reclamar, choramingar e maldizer, e vai atrapalhar o próprio sucesso. Tente implementar a seguinte fórmula: reconhecer os problemas, analisar a situação inicial e, em seguida, colocar toda sua energia em possíveis soluções.

OBSTÁCULO PARA O SUCESSO NÚMERO 3: CULTURA DA DEPENDÊNCIA

Como meu respeitado colega Randy Gage diz: "O único queijo grátis está na ratoeira!" Ou, para reformular a frase: nada na vida é "grátis". Por favor, nunca confie no pensamento de que você tem direito a algo que os outros tiveram que fazer por merecer. No fim das contas, essa cultura de dependência leva à passividade, à letargia e à transferência de responsabilidades.

OBSTÁCULO PARA O SUCESSO NÚMERO 4: VITIMISMO

Sempre que as coisas correm mal, é a coisa mais fácil do mundo sentir-se vítima das circunstâncias externas e começar a procurar a culpa nos outros. Não caia nessa armadilha, assuma a responsabilidade por seus resultados, especialmente quando os fracassos acontecerem.

Consegui despertar um pouco de seu interesse pelo tema dos valores? Fico sempre surpreso pelo fato de tão poucas pessoas lidarem intensivamente com sua motivação interior. Você já deveria ter percebido o quanto nossas ações diárias são controladas por nossos valores, especialmente em um mundo que parece se encaminhar cada vez mais para a arbitrariedade; valores fortes e explícitos são uma exceção rara que claramente diferenciam uma empresa, organização ou pessoa em seu ambiente. É por isso que nunca me cansarei de pedir uma renovação de valores sempre que puder. Seria uma grande honra se você aceitasse isso. Sua singularidade agradece.

DEZ MINUTOS NO ESTÁDIO OLÍMPICO

Há alguns dias, em um voo, assisti a um dos meus filmes favoritos: *Johnny & June*, é um belo filme biográfico sobre a história de vida de Johnny Cash, interpretado por Joaquin Phoenix. Apesar de todo o filme ser brilhante, uma cena se destaca. É logo no início da carreira de Johnny Cash, quando ele tem a oportunidade de tocar na frente do produtor Sam Phillipps; o músico ainda é muito desconhecido e sua pequena banda não se arrisca e escolhe uma música gospel muito popular, que eles interpretaram mais ou menos sem expressar emoções. Os músicos são rapidamente interrompidos, e um debate se segue.

Johnny se queixa: "Bem, você nunca nos deixa caprichar."

Sam Phillipps responde: "Caprichar. Está bem, vamos caprichar. Se você fosse atropelado por um caminhão e estivesse deitado em uma sarjeta e tivesse tempo para cantar uma canção — uma canção da qual as pessoas se lembrassem antes de você desaparecer, uma canção que fizesse Deus saber o que você sentia sobre seu tempo aqui na Terra, uma canção que o resumisse —, você está me dizendo que era essa que você iria cantar? Aquela mesma música de Jimmy Davis que ouvimos na rádio o dia todo sobre sua paz interior e como tudo isso é real e como você vai gritar sobre isso. Ou cantaria algo diferente, algo real, algo que você sente? Porque estou lhe dizendo agora mesmo, é esse o tipo de música que as pessoas querem ouvir. Esse é o tipo de canção que realmente salva as pessoas. Não tem nada a ver com acreditar em Deus, sr. Cash, tem tudo a ver com acreditar em si próprio!"

Johnny Cash entendeu a mensagem. Ele se livrou de todas as restrições e expectativas externas e realmente ouviu a si mesmo. E o que ouviu foi tudo, menos um mundo ideal, uma nuvem cor-de-rosa ou arbitrariedade. Dentro de si mesmo, ele sentiu muita dor, decepção e um pouco de carinho, um potente coquetel de emoções que transformou em uma canção que nunca ousou cantar por muitos anos. Porém, o momento certo chegou e ele cantou "Folsom Prison Blues", que mais tarde o tornaria rico e famoso. Foi apenas quando Cash se permitiu expressar sua singularidade interior que seu sucesso se traduziu para o exterior.

Posso compartilhar com você uma das minhas crenças fundamentais? Cada pessoa tem algo profundo dentro de si mesma que a torna extraordinária. Cada pessoa tem talentos e habilidades únicas. Cada pessoa tem a oportunidade de usar a própria história pessoal para fazer a diferença. O que o torna extraordinário? O que você ouve se parar para escutar bem em seu interior? "Sinceramente, Ilja", dizem-me muitas vezes, "não consigo ouvir nada, não sou especial nem extraordinário". Isso lhe parece familiar? Eu entendo, porque houve um tempo em minha vida em que eu pensava exatamente da mesma maneira. Tinha um trabalho que me frustrava, era motivado por circunstâncias externas e estava constantemente inventando desculpas plausíveis para justificar por que eu não era capaz de mudar nada.

Essa mudança aconteceu após minha declaração pessoal de independência. Eu tinha decidido assumir a responsabilidade pela minha vida, mas os resultados correspondentes demoraram muito tempo para chegar, porque eu ainda estava à procura da minha missão, da minha singularidade, do meu propósito pessoal na vida. E então fui salvo pela televisão. Sim, estou falando sério. Eu tinha acabado de começar meu negócio quando vi um programa com o famoso comediante alemão Mario Barth, uma noite em meu quarto de hotel. Era uma apresentação diante de setenta mil pessoas no estádio olímpico de Berlim, o que lhe valeu o recorde mundial do Guinness na categoria "show de comédia com o maior público ao vivo". Inicialmente, eu estava muito fascinado por sua performance. Mario Barth tinha conseguido passar de um pequeno palco de teatro (onde atuava normalmente diante de trinta pessoas) para a maior arena esportiva da Alemanha. Achei isso mais do que impressionante e estava me perguntando que tipo de mentalidade poderia ser parte de tal caminho.

Não me lembro exatamente que impulso foi responsável por isso, mas de repente surgiu outra pergunta em minha cabeça. "Se você tivesse a oportunidade de falar em frente a setenta mil pessoas em um estádio olímpico por dez minutos, o que diria exatamente?" Foi mais uma daquelas perguntas que se revelaram um ponto de virada em minha vida, porque, para respondê-la, tive que começar a procurar meu núcleo, a me distanciar de todos os detalhes insignificantes e transmitir a mensagem que estava convencido que as outras pessoas deveriam ouvir. Ponderei durante semanas e meses, organizei e pensei em possíveis respostas. Passo a passo, meus pensamentos se solidificaram até que chegou o dia em que eu tinha claro em minha mente o que diria se alguma vez tivesse a oportunidade de falar diante de setenta mil pessoas. Quer saber o que é? Aqui está minha mensagem:

"Cada pessoa tem escondido dentro de si um enorme potencial que está apenas à espera de ser descoberto. A chave para esse reino é a singularidade individual, o caminho para se chegar lá é a mudança."

Desde aquele dia, tem sido minha grande missão na vida apoiar as pessoas para que se tornem cada vez melhores e não vejam a mudança como algo ameaçador, mas como uma enorme oportunidade para moldar ativamente seu futuro, crescer como pessoa e alcançar resultados duradouros. De um momento para o outro, todas as peças do quebra-cabeça se encaixaram no lugar certo. Eu tinha descoberto minha singularidade individual e me dei permissão para expressá-la, para ser fantástico todos os dias.

Se você me encontrasse em um dos meus discursos ou seminários hoje, muitos anos depois, sentiria como ainda sou apaixonado por minha mensagem e por minha missão. Meu trabalho me dá a oportunidade de expressar essa paixão interior diariamente, a cada momento e com cada fibra de meu ser com o que eu digo, escrevo e com a maneira como me conduzo. Tudo isso leva a um pacote combinado que outros gostam de descrever como autêntico ou carismático. Pessoalmente, prefiro a palavra extraordinário.

O melhor de tudo é que tive a sorte de ver e fazer parte dessa mesma transformação em muitas outras pessoas. Talvez você já tenha ouvido esse ditado brega antes, que as pessoas bem-sucedidas não nascem dessa forma, elas se tornam. Para mim, essa é a maior besteira que já ouvi. As pessoas nunca são feitas por fora, elas se desenvolvem de dentro para fora. Você segue seu caminho individual até a singularidade e depois vive isso com cada fibra de seu ser. No trabalho. Em sua vida diária. Sempre. A fórmula para o sucesso é muito simples. Permita-se reconhecer sua personalidade única, expresse-a e faça dela sua maior motivadora. Se, por acaso você encontrar maneiras de outras pessoas lucrarem com sua singularidade, então abriu os portões para o sucesso, a satisfação e a plenitude. Afinal, o que poderia ser mais importante do que fazer de sua singularidade o ponto crucial de sua vida e ainda lucrar em cima de tudo isso?

Então, ao encerrar este capítulo, vamos falar sobre a questão decisiva: qual é sua singularidade, o que o distingue dos outros? Se você não consegue pensar imediatamente em uma resposta, isso é completamente normal. Lembre-se sempre de que estamos falando de um processo que pode levar muitos anos. Um bom ponto de partida é dar uma olhada em seu passado. O que você testemunhou, o que fez, o que conseguiu? Por favor, lembre-se desse fato o mais frequentemente possível: ninguém pode tirar de você os quilômetros que andou na vida. Esse caminho é a base de tudo o que ainda está por vir, e vale a pena falar disso. Se não o fizer, ninguém o fará, e assim faltaria algo muito importante no mundo.

Se você quer cavar um pouco mais fundo para chegar ao seu núcleo, as seguintes perguntas são uma boa diretriz:

PERGUNTAS QUE O AJUDAM A ENCONTRAR O EQUILÍBRIO

- Qual é seu *porquê* na vida?
- O que dá a seu corpo uma explosão automática de energia?
- O que o faz ficar acordado e trabalhar todas as horas da noite?

- Pelo que você quer ser lembrado?
- O que gostaria que fosse escrito um dia em sua lápide?
- O que faz seus olhos brilharem?
- Qual foi o ponto mais baixo de sua vida?

Esses pensamentos despertam sua criatividade e o preparam para a consideração mais importante:

"Se você tivesse a oportunidade de falar diante de setenta mil pessoas ou mais no maior estádio da sua cidade durante dez minutos, o que diria exatamente?"

Rejeite ser como todos os outros e siga seu próprio caminho. Torne-se a melhor versão de si mesmo. Há um núcleo único que está apenas à espera de ser expresso com cada fôlego do seu ser, no que você pensa, no que diz, no que decide, no que faz, em seu trabalho, em sua vida privada e em cada segundo de seus dias. O resultado é o que as pessoas hoje em dia gostam de chamar de autenticidade. Simplesmente extraordinário.

Outra informação importante: por favor, esqueça a luta pela perfeição. Ninguém gosta de pessoas perfeitas. Se você parecer bom demais e sem defeitos, automaticamente encontrará a rejeição. Cada um de nós tem suas fraquezas, peculiaridades e esquisitices, mas são exatamente essas arestas ásperas que nos tornam tão extraordinários. Tenha a coragem de ser o mais autêntico que conseguir, tire suas várias máscaras e seja o mais humano possível. Ninguém disse isso melhor do que o artista coreano Nam June Paik, que deu um aviso a todas aquelas pessoas que estavam concentradas demais no ideal de perfeição em 1993: "Quando se é perfeito demais, até Deus desconfia"

Seja corajoso o suficiente para mostrar suas imperfeições. Atreva-se a demonstrar sua singularidade em seu trabalho, em suas ideias e em cada uma de suas ações. Assim como Johnny Cash encontrou a canção que mudou sua vida com uma pequena ajuda do produtor Sam Phillipps, eu espero que este livro sirva como o impulso decisivo para você procurar seu núcleo.

Não sei exatamente como sua singularidade se expressará. Tudo o que sei é que será diferente, será real e será algo que você sentirá dentro de si mesmo. Quando todos esses fatores se juntam, cria-se a base para resultados extraordinários. Johnny Cash tocou milhões de corações com sua singularidade. Sua coragem para ser autêntico o tornou bem-sucedido e famoso. Que direção você vai tomar?

RESUMO DO CAPÍTULO

PENSE, FAÇA, MUDE - AS GRANDES IDEIAS DESTE CAPÍTULO

- ✓ Se você se permitir viver sua singularidade, terá dado o passo decisivo que o diferencia das massas.
- ✓ Você, como pessoa, pode ser invisível ou extraordinário.
- ✓ Assumir riscos conscientemente tornou-se, há muito tempo, a nova segurança.
- ✓ Você mesmo é o único fator com o qual sempre poderá contar durante os momentos de mudança.
- ✓ Assuma a responsabilidade e escreva sua declaração pessoal de independência.
- ✓ Suas ações são um espelho de seus valores.
- ✓ Quanto mais claros forem seus valores, mais fácil será tomar decisões.
- ✓ Integre os valores dos changemakers em sua vida e diga adeus aos maiores obstáculos que impedem o sucesso.
- ✓ Se você tivesse a oportunidade de falar diante de setenta mil pessoas em um estádio olímpico por dez minutos, o que diria exatamente?
- ✓ Atreva-se a mostrar suas imperfeições. Quando se é perfeito demais, até Deus desconfia.

Os quatro pilares da mudança

Só os incansáveis são recompensados com resultados

*"Pain throws your heart to the ground. Love turns the whole thing around. No it won't all go the way it should. But I know the heart of life is good."**

- John Mayer, "Heart of Life"

Cada época tem suas tendências. Nos anos 1980, as tendências eram o walkman, os patins e as músicas épicas do Bon Jovi. Nos anos 1990, surgiu o tamagotschi, o corte de cabelo mullet dos jogadores de futebol e o techno, que tocava nas pistas de dança pelo mundo. Hoje, há um *zeitgeist*, que tenho observado de uma forma quase inflamatória nos últimos tempos. Não importa que livro eu abra, que publicação no Facebook eu leia ou que opinião de especialista eu escute, continuo ouvindo a mesma mensagem. Resumida em minhas próprias palavras, ela é algo parecido com: "Para ter sucesso e levar uma vida feliz, é necessário parar de pensar e (finalmente) ouvir seu coração." Na maioria das vezes, é acrescentada a famosa citação do livro *O pequeno príncipe*, de Saint-Exupéry, para dar mais ênfase à mensagem: "Só com o coração

* *"A dor joga seu coração no chão. O amor muda tudo. Não, não vai correr tudo como deveria. Mas eu sei que o coração da vida é bom."*

é que se pode ver bem. O que é essencial é invisível aos olhos." A reação a essa tese é normalmente a mesma. Como os cães de Pavlov, as pessoas aplaudem com o resto das massas e ficam felizes por alguém estar dizendo aquilo de que há tanto tempo suspeitavam: tudo o que importa é seu coração, o resto realmente não importa.

O segredo está nos detalhes. Porque, à primeira vista, essa afirmação parece sedutoramente lógica. "Ouça seu coração e tudo vai dar certo." Há muita verdade nisso, mas, infelizmente, também há muita inverdade. É claro, nós encontramos nossa motivação em nossos corações, o que é realmente importante para nos fazer levantar todas as manhãs. No entanto, isso leva a algumas conclusões erradas, como a de que, uma vez ouvido o coração, podemos ignorar completamente a consciência.

É possível observar os resultados desse engano diariamente. Alguns jogam fora empregos como banqueiros, especialistas em impostos ou eletricistas de um dia para o outro porque seu coração lhes diz que devem seguir sua vocação. O que ela é exatamente, ainda não se sabe, mas pelo menos o trabalho chato não os restringe mais, e eles podem expressar sua personalidade (na maioria das vezes em alguma atividade que envolve aconselhar os outros, porque então não é necessário tomar conta de si mesmo). De repente, eles são coaches, dono de um salão de beleza ou organizador de seminários motivacionais para proprietários de animais de estimação e, claro, sem qualquer tipo de conhecimento comercial, plano de negócios concreto ou consideração realista das oportunidades do mercado.

Porém, tão rápido quanto o fogo do desejo é aceso, chega-se a uma conclusão muito dura. Pode ser muito bom fazer algo que você aprecia de todo o coração, mas, se isso não paga suas contas e está colocando-o em uma situação financeira complicada, o romantismo que era tão forte antes se desvanece rapidamente, e isso está relacionado a uma coisa. Sem sua mente, a melhor decisão do coração não vale nada. Se as outras pessoas não encontrarem nada de valor em sua paixão pessoal, você não ganhará nenhum dinheiro. Se não gerar nenhum rendimento, então sua paixão pode ser um bom hobby, mas não uma profissão.

É por isso que eu gostaria de encorajá-lo a nunca se esquecer de usar sua mente quando se trata de decisões em sua vida. Sim, vou até um pouco mais longe e gostaria de expressar uma declaração de amor à mente humana. É o dom mais precioso que temos. Nossa mente permite-nos equilibrar oportunidades e riscos. Permite-nos questionar criticamente as coisas e tirar nossas próprias conclusões. Permite-nos desenvolver ideias e criar invenções. Permite-nos decidir e agir. Quanto mais usarmos nossa mente, melhores serão nossas decisões e nossos resultados.

Então devemos começar a ouvir apenas nossas mentes a partir de agora? Não, muito pelo contrário. Porque como o *yin* não é nada sem o *yang*, a mente e o coração precisam um do outro. Só quando trabalham juntos é que as pessoas são capazes de desenvolver todo o seu potencial e se tornarem uma pessoa única. Somente a combinação do coração e da mente possibilita que você se torne a melhor versão de si, passo a passo. Não importa o que se quer alcançar, o coração é sempre o motor que lhe diz de forma confiável quando é hora de uma mudança. O coração mostra quando algo está errado. É a força motriz decisiva para você começar a se mover. Sua mente garante que você siga o caminho escolhido da melhor maneira possível; que não ande pela vida com seus óculos cor-de-rosa, mas que também não encontre problemas no meio do caminho; que você não ignore problemas potenciais, mas se concentre nas oportunidades que se apresentem.

Vamos ser mais específicos agora. Como você imagina seu futuro? Quais são seus sonhos? O que gostaria de alcançar? Onde você gostaria de estar em dois anos? Você ainda não pensou bem sobre isso? Até agora lidou com tudo improvisando? É hora de uma mudança, porque uma coisa é certa: os próximos anos vão chegar, definitivamente. A única questão é se você vai deixar o curso do tempo e especialmente seus resultados nas mãos do acaso, ou se será autodeterminado e criará ativamente seu sucesso, sua sorte e sua satisfação. A segunda alternativa é, sem dúvida, a que promete muitos resultados, porque, como Bob Dylan cantou em 1964, "Os tempos estão mudando". Portanto, sempre que você tentar colocar isso em prática em um futuro próximo, quero que se lembre do seguinte mantra: "Ouça seu coração, mas não se esqueça de sua mente!"

Nada é tão poderoso quanto a combinação de uma análise racional e ações emocionais. A lógica permite que você entenda, e as emoções permitem que você aja. Em conclusão, trata-se sempre de integrar as mudanças desejadas em sua vida diária em longo prazo. E nesse ponto é onde a maioria do meu público, participantes de seminário e clientes de coaching falha. Talvez você também esteja familiarizado com isso. Com alta motivação, você começa a mudar, mas, depois de um curto período, a pressão do dia a dia torna-se forte demais e você cai de novo nos velhos hábitos.

Antes de se dar conta, você já está de volta à sua antiga rotina e já se sente protegido na zona de conforto pessoal, porque não sabe bem por onde começar, quais devem ser seus primeiros passos ou como você pode se manter ao longo do tempo. Isso parece familiar? Gostaria de lhe apresentar os quatro pilares mais importantes da mudança duradoura. São os alicerces, a base e a camada superior do solo, onde seu sucesso irá crescer. Leve o tempo que precisar para dar cada passo porque, no fim das contas, um especialista é sempre uma pessoa que dominou os fundamentos e pode reiterar o básico dormindo.

OS QUATRO PILARES DA MUDANÇA DURADOURA

Primeiro pilar: um "Sim!" consciente para a mudança
Segundo pilar: uma decisão irrevogável
Terceiro pilar: um objetivo claro
Quarto pilar: um hábito consolidado

Esses quatro pilares constroem as bases para uma transformação bem-sucedida de ideias vagas em resultados específicos. Eles garantem não só que você comece altamente motivado, mas também que alcance a linha de chegada.

DIGA "SIM!" PARA A MUDANÇA

Quais são as prioridades atuais em sua vida? O que é importante para você, e quais projetos mais lhe interessam? Carreira, saúde, família ou algo completamente diferente? Se você não tem certeza, dê uma olhada em sua situação atual. Ela é completamente determinada por seu foco. Seu tempo, sua energia e seu dinheiro vão para o que é importante para você. Você recebe mais daquilo em que se concentra. Isso é verdade para todas as áreas de sua vida.

Aprendi essa lição há mais de doze anos com uma mulher maravilhosa. Ela era atriz e foi líder de um seminário para gerentes de lojas de departamento que eu tive que assistir. Se você estivesse lá, teria descrito a mulher como "muito parecida com a Cameron Diaz". Porém, depois que ela dissesse suas primeiras palavras, você teria reconhecido que ela é mais como Margaret Thatcher. Acho que o meu chefe sabia disso, porque, no segundo dia do programa, ele teve uma ideia muito especial: teatro de improviso para os líderes. Isso significava ser criativo, ser espontâneo, testar permanentemente seus limites. Por sua vez, isso significava, para mim: sentir palpitações cardíacas, suar frio, ofegar. Por que, você pergunta? Simples, se tivesse me conhecido naquela época, você poderia ter me descrito com muitas palavras, mas nenhuma delas teria sido espontâneo, criativo ou exuberante.

E não podia ter começado pior. Sabe aquela sensação quando você chega ao limite de sua zona de conforto? Encontrei-me exatamente lá quando a primeira missão começou. Margaret Diaz estava na frente do grupo e, com um sorriso no rosto, disse: "Tudo bem pessoal, vou dar a vocês alguns exercícios muito incomuns. E não importa o que pensem de cada um deles, quero que reajam gritando alto esta palavra: "Sim!". Depois, façam o exercício. Tudo bem?"

Imagine a situação. Uma bela mulher está em sua frente e diz: "Agora todos pulem em uma perna só." E os líderes mais ou menos experientes gritam em uníssono "Sim!" e depois pulam todos em uma perna só. Agora, seja honesto: você teria participado? Não o fiz porque achei embaraçoso demais. Em seguida, ela anunciou: "Agora todos vão girar em círculos." Meus colegas gritaram novamente: "Sim!" e começaram a girar, enquanto eu tentava com todas as minhas forças não chamar atenção. Porém, eu tinha um pressentimento de que o melhor ainda estava por vir. E estava certo, porque ela disse: "E agora todos vão abraçar a pessoa que está a seu lado." "Sim!" O grito de guerra percorreu novamente a sala e, à minha esquerda, um colega de cem quilos e barbudo chamado Manfred estendia ambos os braços e estava prestes a me abraçar.

Deve ter sido o meu olhar, porque, de repente, a atriz estava à minha frente, e ela disse algo que me fez pensar: "Ilja, do que você tem medo? Talvez seja muito bom, mas você nunca vai saber a menos que tente." E, tão de repente quanto apareceu, ela desapareceu novamente. Eu estava ali, parado. Hesitei. Tive dúvidas. O que eu deveria fazer? Deveria desistir e sair da sala ou deveria ser ousado e tentar? Pareceu-me uma eternidade até eu tomar minha decisão. Na verdade, ela estava certa. O mínimo que eu podia fazer era tentar e ver o que aconteceria. Assim, mesmo que ainda tivesse dúvidas, eu disse "Sim!" e abracei Manfred, que se aconchegou muito ternamente em mim.

Sabe o que mais? Não foi tão ruim. Muito pelo contrário. Porque, de repente, pudemos nos conhecer e mais tarde nos tornamos até bons amigos. Desde aquele dia, tenho olhado para esta palavra como uma metáfora fantástica sobre como lidar com a mudança porque cada dia está cheio de momentos *Sim!*, quando precisamos deliberadamente escolher nosso foco. Nós vamos reclamar ou arregaçar as mangas? Vamos nos lamentar ou fazer alguma coisa? Vamos nos concentrar em problemas ou em soluções? Afinal, a mudança nunca é o que acontece, mas sempre como lidamos com isso em nossas mentes.

Eu gostaria de encorajá-lo a testar essa filosofia. Pense em um objetivo importante, uma próxima tarefa ou algo de que tenha um pouco de medo. Diga "Sim!" com convicção e seja surpreendido. (Sim, você realmente deveria fazer isso, ninguém está olhando.) Muitos dos meus clientes ficam surpresos com o quanto o uso do *Sim!* pode ser poderoso. Alguns riem um pouco inicialmente, porque se sentem tolos, mas, no fim, eu os vejo murmurar secretamente essas palavras repetidas vezes.

Quanto mais você tornar isso parte de sua rotina, mais perceberá o quanto seu foco muda, quantas possibilidades você observa e o quanto percebe que está desfrutando mais de sua vida. Porém, esse é apenas um passo inicial. Afinal, de que serve notar todas as possibilidades escondidas em uma única mudança, mas não fazer algo com elas? É exatamente aqui que o pilar número dois entra em jogo.

ESCOLHA TOMAR UMA DECISÃO

Quantas pessoas você conhece que são mestres em anunciar, planejar e se apegar à tarefa de realizar mudanças, mas que, depois, fracassam regularmente quando se trata de implementá-las? Quantas vezes você teve uma grande ideia, mas não foi capaz de pô-la em prática? Isso pode surpreendê-lo, mas a maioria das pessoas que luta com esse tipo de questão não tem problemas em agir, mas sim em tomar uma decisão. Isso é o resultado de valores pouco estabelecidos e da falta de prioridades claras que as acompanha. As consequências são fatais. Após algum tempo, a pessoa se acostuma ao fato de que outros tomarão as decisões por ela. O chefe, os colegas, o cônjuge, o vizinho, o balconista da loja e até a simpática senhora do balcão de check-in do hotel. O indeciso acredita que quase qualquer um é capaz de tomar uma decisão por ele, mas ele próprio teme isso e foge como o diabo foge da cruz. Você será capaz de reconhecer essas pessoas indecisas pela maneira como elas falam, porque tendem a usar muito suas duas palavras favoritas, "na verdade" e "talvez". Se você talvez pensar em querer mudar, na verdade, você não tem que realmente tomar uma decisão sobre isso. E isso é exatamente o que a maioria das pessoas quer.

Por que isso é assim? Por que ninguém quer mais se comprometer? Por que tantas pessoas têm dificuldade para tomar uma decisão? Por um lado, os valores de cada um desempenham um papel central nisso. Se não sei quais são as prioridades em minha vida, então não posso agir de acordo com essas prioridades. Se eu estiver incerto por dentro, é impossível tomar decisões claras por fora. Porém, na maioria dos casos, não se trata nem mesmo da incapacidade de se comprometer. Normalmente, é a vontade de fazê-lo. Vemos que há uma característica central em cada decisão. Sempre que você toma uma decisão sobre algo, ao mesmo tempo está tomando uma decisão contra algo, com todas as consequências e todos os sacrifícios e conflitos, mas também com os resultados correspondentes. Durante cada decisão, avaliamos onde estão nossas prioridades. Isso sempre se resume ao questionamento sobre o que é mais importante para você. Ou é isso ou aquilo. Gostaria de alguns exemplos?

- Você pode ter a liberdade de ter o próprio negócio ou a (suposta) segurança de um emprego permanente.
- Você pode fazer aquela ligação importante para um cliente ou verificar suas atualizações de status no Facebook pela décima vez hoje.
- Você pode fazer exercício de manhã cedo para ter o corpo dos seus sonhos ou passar mais uma hora na sua cama quente e aconchegante.
- Você pode planejar os próximos passos em sua carreira ou passar a noite no cinema com seus amigos.
- Você pode trabalhar um pouco mais em um projeto importante ou aproveitar os efeitos relaxantes de dez horas de sono.
- Você pode fazer qualquer coisa para conseguir o cargo de gerente que tanto deseja ou pode bater o ponto quando acabar seu dia de trabalho.
- Você pode desfrutar de férias românticas com seu cônjuge ou viajar no Carnaval com seus amigos.
- Você pode passar tempo com seus filhos ou passar todas as noites no escritório até as dez horas da noite.
- Você pode trabalhar para tornar seus sonhos realidade ou pode ir a boates e aproveitar a vida noturna de sua cidade.

Isto resume-se sempre a uma pergunta: “O que é mais importante para você?” Se você souber o que é, não será tão difícil se comprometer.

Quanto mais se apoiar em valores poderosos e quanto mais motivação 4.0 você integrar em sua vida, mais cedo estará disposto a fazer qualquer coisa para alcançar seus objetivos. E como isso requer trabalho, disciplina e compromisso, a maioria das pessoas não está disposta a lidar com as consequências.

Por que isso acontece? Hoje, vivemos em uma sociedade que é marcada pela mediocridade. É com grande preocupação que observo a tendência das massas para querer ter tudo ao mesmo tempo. Portanto, as pessoas fazem um pouco de tudo, mas nada como deve ser. Passam pela vida sem nenhum ponto baixo importante, mas também sem nenhum destaque. É a clássica definição da palavra medíocre. Se alguém se recompõe e toma uma decisão, geralmente não é uma decisão, porque a maioria define esse termo de forma bastante abrangente. Se olharmos mais de perto, vemos que a maioria das decisões acaba sendo pouco mais do que um sonho sem fundamentos que as pessoas esperançosamente lançam em direção ao céu.

Por favor, não se deixe enganar por isso, porque uma decisão verdadeira é algo completamente diferente. Significa se comprometer, por inteiro, com as consequências de suas ações e não se deixar enganar pelos contratempos. Tomar uma decisão real significa ter certeza, votar a favor de alguma coisa e, ao mesmo tempo, contra a alternativa. Significa fazer uma escolha consciente. Muitas pessoas se esquivam dessa escolha clara e com consequências e preferem ser conduzidas por circunstâncias externas, ou, pior ainda, pelas decisões de outras pessoas.

Não estou falando apenas das decisões cruciais da vida. Começa com pequenas coisas em seu dia a dia, enquanto você faz compras, come, anda de metrô ou se senta à mesa de jantar. Porém, aqueles que se deixam conduzir pela arbitrariedade durante as tarefas cotidianas falharão ainda mais nas grandes decisões da vida, porque, no fim, cada decisão começa com uma certeza clara e irrevogável, a decisão de fazer uma mudança, para começar a trilhar seu caminho e aproveitar o passeio nesta montanha-russa chamada vida, com todos seus altos e baixos.

Então vamos direto ao assunto, caro leitor. Como você se sente a respeito do quão bom ou ruim é seu poder de decisão? Se você não tem certeza, pode pôr isso à prova. Pense sobre sua última visita a um restaurante por um momento. Como você normalmente age? É fácil escolher uma refeição ou você enrola, estuda o cardápio de trás para frente, só para acabar pedindo a mesma coisa que a pessoa que se sentou ao seu lado, ou ainda, a sugestão do garçom? Quantas vezes você já respondeu perguntas como: "Gostaria de um café ou um chá?", "Quer ir ao cinema ou ver uma peça?" ou "Comida italiana ou tailandesa?" com um tenso "Tanto faz", "Pode escolher" ou "Gosto dos dois"?

Se você se flagrar no meio de um desses comportamentos evasivos, precisa ter cuidado, porque, se já tem dificuldades em tomar pequenas decisões, não será diferente quando se tratar das coisas importantes na vida. Cada mudança bem-sucedida começa com uma decisão irrevogável. Você não pode contornar isso. No entanto, também tenho boas notícias: não é assim tão difícil treinar sua capacidade de decisão. O básico são valores fortes, dos quais já falamos detalhadamente, que formam sempre a base com a qual tudo se alinha. Além disso, gostaria de lhe fornecer um guia poderoso que pode ser uma boa orientação quando se trata de decisões futuras.

OS SETE PASSOS PARA LIDAR MELHOR COM AS MUDANÇAS

Passo número 1: Decida tomar uma decisão

Parece trivial, mas esse é o passo mais importante de todos. De agora em diante, não vamos mais brincar, mas começar a tomar decisões. Tanto as pequenas decisões da vida cotidiana como os desafios importantes. Quanto mais cedo você tornar sua nova capacidade de decisão um hábito, melhor.

Passo número 2: Analise sua situação inicial e pese suas opções

Faça uma análise honesta da sua situação atual. Não embeleze nada, mas também não faça parecer pior do que é. Quanto mais você souber em que posição se encontra, mais fácil será encontrar as opções possíveis.

Passo número 3: Aceite o fato de que você nunca vai saber com certeza qual decisão é certa ou errada

Essa percepção pode poupar-lhe muito sofrimento. Aceite o fato de que você nunca saberá antes qual decisão é a correta. Infelizmente, só sabemos depois de errar, mas talvez isso seja uma coisa boa, porque, afinal, as experiências nos ajudam a crescer.

Passo número 4: Combine seu conhecimento com sua intuição e tome uma decisão

Aqui, o imbatível duo coração & mente entra novamente em jogo. Use seu pensamento racional, bem como sua intuição. Ao longo dos últimos anos, tomei quase todas as decisões importantes da minha vida com base no instinto. Tenho me saído muito bem com essa estratégia, porque todo sentimento intuitivo funciona especialmente bem quando se baseia em uma análise sólida e racional.

Passo número 5: Assuma plena responsabilidade pelas consequências da sua decisão

Esse é um passo muito importante, especialmente quando outras pessoas são afetadas pela decisão. Nada constrói confiança como a confiabilidade e a clareza. Portanto, não importa o resultado da sua decisão, assuma a responsabilidade pelas coisas boas, mas também por aquelas que não correram tão bem.

Passo número 6: Mantenha-se firme sobre sua decisão, mesmo se encontrar resistência

Quando você assume responsabilidade, ganha muito respeito e, às vezes, até admiração. Por outro lado, nada é mais desprezível do que mudar de opinião constantemente. Ainda assim, muitas pessoas preferem pegar a saída fácil e agir como uma bandeira ao vento, retorcendo-se e dobrando-se sempre que podem e, no fim, acabando com uma coluna feita de borracha. Deixe uma coisa bem clara para si mesmo: você não será capaz de agradar a todos e, na maioria das vezes, as decisões certas são as menos populares.

Passo número 7: Seja corajoso o suficiente para rever sua decisão de vez em quando

Apesar de tudo, é importante ser flexível quando se trata de resultados. Às vezes você toma a decisão errada. E aí é importante reagir a tempo e tomar uma nova decisão. Você não só mostra que pode ser aberto e honesto consigo mesmo, mas também que é uma pessoa íntegra.

Espero que você dê uma chance a esses sete passos e os transforme em um hábito. Pratique a tomada de decisões com a maior frequência possível.

Evite o popular comportamento enrolão e comprometa-se tanto com as coisas pequenas quanto com as grandes. Cada mudança começa com uma decisão irrevogável, incluindo todas as consequências. Uma decisão que envolve compromisso, motivação e disciplina. Uma decisão pela qual você está disposto a fazer tudo o que estiver ao seu alcance para colocá-la em prática.

VOCÊ É S.E.C.S.I O SUFICIENTE?

"Podemos conversar rapidinho?". Isso foi o que um agradável cavalheiro me perguntou depois de uma sessão de autógrafos que fiz no sul da Alemanha, no início de 2015. "Claro", respondi. "O que posso fazer por você?" E o que aconteceu em seguida é algo com que me deparo quase diariamente. Em três minutos, ele me disse, em suma, tudo o que estava dando errado em sua vida. Estava especialmente frustrado com o relacionamento com sua esposa, com quem, na época, passava por um divórcio, e ele continuava se estressando devido a esses maus sentimentos.

A certa altura, ele estava entrando em espiral, por isso, o interrompi. "Compreendo que seu relacionamento com sua mulher está deixando você muito infeliz. Em que posso ajudá-lo exatamente?" Imediatamente, ele começou a contar a história toda de novo, dessa vez com muito mais detalhes. Eu o interrompi mais uma vez e perguntei novamente: "Está bem, então o que você espera exatamente da nossa conversa?"

"Bem", disse ele, "tem que haver algum tipo de técnica que me impeça de ficar tão frustrado o tempo todo".

"Existe mesmo", respondi honestamente. "E o que você quer alcançar com essa técnica?" E toda a conversa começou novamente do início. A cada volta que o simpático cavalheiro dava, ele se concentrava mais no seu problema e esperava desesperadamente obter conselhos de mim. Naquele momento, percebi que seu verdadeiro problema era completamente diferente. Ele não sabia nada do que queria. Ele nem sequer se perguntou com o que queria substituir sua frustração, e como imaginava a melhoria do relacionamento com sua mulher no futuro. Talvez isso seja algo com que você esteja familiarizado. Você sabe exatamente o que não quer mais, mas não pode dizer com certeza o que quer alcançar em vez disso.

No entanto, como você vai mudar com sucesso se não sabe como devem ser os resultados das suas intenções? Portanto, nesse próximo passo, quero falar sobre o importante tema dos objetivos, mas não se preocupe, não o torturarei com as famosas fórmulas de objetivos (infelizmente não eficazes), nem nos desviaremos para a teoria. Minha intenção é simples: quero que você integre o terceiro pilar da mudança bem-sucedida à sua vida da maneira mais vigorosa possível, para que possa levar a vida da forma que sempre sonhou. Está pronto para começar?

Tudo o que preciso agora é uma resposta brutalmente honesta à seguinte pergunta: "Quão feliz você está atualmente nas seguintes áreas, em uma escala de um a dez (em que um significa 'nem um pouco feliz', e dez, 'não tem como melhorar')?"

- Emprego
- Família
- Relacionamentos
- Desenvolvimento pessoal
- Saúde
- Finanças

Não estou interessado em frases politicamente corretas, socialmente aceitáveis ou pomposas. Em vez disso, quero saber o que você realmente sente e como as coisas estão. Se me der uma resposta superficial mesmo assim, tudo bem também, porque isso não é sobre mim, mas exclusivamente sobre você. Você pode enganar os outros, mas não pode mentir para a pessoa que verá no espelho todas as manhãs, para sempre.

Quanto mais honesto for consigo mesmo, mais fácil será fazer uma correção em seu curso. Gostaria de responder novamente? Ótimo. Se você não está satisfeito com qualquer área de sua vida, se atingiu certo nível de frustração ou se gostaria de alcançar mais do que isso, é hora de fazer uma mudança. Porém, que objetivos você tem? Com o que você sonha? Qual é a visão que o motiva?

Assim, chegamos ao ponto crucial. A maioria das pessoas sabe muito bem com o que já não quer lidar, mas não faz ideia com o que deve substituir essas coisas. Depois de ter feito a escolha irrevogável de mudar, é importante dar o próximo passo e definir claramente como devem ser seus resultados específicos. Para ajudá-lo com isso, gostaria de apresentar um processo de sucesso que utilizo regularmente com meus clientes de coaching, a fim de descobrir o que eles realmente querem. Começo sempre com estas perguntas: "O que você quer ser, fazer ou ter no futuro?" As respostas que se seguem podem ser divididas em seis categorias diferentes:

AS SEIS CATEGORIAS DA INTENÇÃO

1. Sonho (Eu gostaria de ser rico. Gostaria de começar meu próprio negócio. Gostaria de ser bem-sucedido.)
2. Visão (Serei o melhor vendedor de carros em Miami. Nossa marca será bem-sucedida e conhecida em todos os Estados Unidos. Minha empresa terá uma receita de um milhão de dólares e será líder no mercado tal.)
3. Direção (Eu gostaria de fazer algo no ramo dos meios de comunicação. Quero intensificar nossos esforços de marketing. Vou passar mais tempo com minha família.)

4. Objetivo (Empregaremos dez novos aprendizes até 31 de março. Venderei cinquenta mil livros em 2016. Perderei quatro quilos até o fim do ano.)
5. Plano (Ligarei para cinco clientes por dia. Irei me exercitar quatro vezes por semana de acordo com o plano de treino tal. Passarei seis horas por dia escrevendo meu novo livro.)
6. Fazer! (Alcançar, implementar, tomar medidas.)

E aqui está a questão. Quanto mais alto estivermos na lista, maiores serão a abstração e o ímpeto emocional. Quanto mais baixo estivermos, mais específico se torna, enquanto nossas emoções começam a diminuir. Normalmente, passamos por esses seis passos sequencialmente. Um sonho torna-se uma visão, que por fim leva a uma direção vaga. Quanto mais você avança ao longo do caminho, mais claros se tornam seus objetivos individuais, que então se desenvolvem em um plano específico que você implementa no fim. Você simplesmente faz.

Às vezes, uma visão ou uma direção vaga é tão cheia de emoções que você começa a agir sem nenhum desvio, e pensa em seu objetivo, em seus planos só depois. Porém, não importa exatamente seu caminho, porque, no fim, tudo se resume a transformar suas intenções em ações concretas, e seus sonhos, em resultados concretos.

Vamos começar exatamente com isso. Se você sabe onde quer ir e inicia o caminho a tempo, esse é o próximo passo importante para mudanças duradouras. No entanto, muitas pessoas falham nesse ponto porque não têm a resposta certa para a pergunta seguinte: "Para onde eu realmente quero ir?" Você já se fez essa pergunta antes, talvez bem recentemente? Então eu gostaria de lhe apresentar um exercício maravilhoso, que o ajudará a trazer estrutura e clareza aos seus desejos, visões, direções, metas ou planos.

É assim que funciona: dê uma olhada em seu diário de mudanças e reserve algum tempo para um amplo brainstorm sobre seu futuro. Faça a si mesmo a seguinte pergunta: "O que eu quero ser, fazer ou ter no futuro?" Depois, comece. Escreva tudo o que conseguir pensar, sem qualquer tipo de classificação. Deixe a caneta passar por cima do papel e deixe seu fogo interior arder. O que você sempre quis fazer? O que queria alcançar? Que tipo de objetivos você tem? Escreva por pelo menos quinze minutos e realmente escreva tudo, não importa o quão pequeno e insignificante possa parecer.

Depois de ter completado esse exercício, recomendo que tome uma xícara de café ou dê uma caminhada. Leia mais uma vez os resultados do seu brainstorm e escreva o número um ou dois ao lado de cada objetivo.

- Um representa: este objetivo é muito importante para mim. Definitivamente, vou me esforçar e tomar medidas para conseguir alcançá-lo.
- Dois representa: vou deixar este objetivo de lado.

Talvez você esteja se perguntando, agora: "O quê? Você quer que eu largue meu objetivo? Por que o escrevi, então?" Porém, você vai ver como esse passo pode ser importante. Há alguns objetivos que carregamos por anos, como uma mochila pesada, e continuamos a adiar sua realização, não é verdade? Lembre-se sempre de que há uma razão pela qual você ainda não o realizou. Há um tempo para tudo. E agora você precisa de sua força e energia para seus planos novos e atuais.

Vamos continuar com o processo. A seguir, escreva seus objetivos número um e número dois em pedaços de papel separados, para que tenha uma lista de objetivos atuais e uma lista de objetivos não mais atuais. Chegou a hora de dizer adeus aos *velhos*. Pense em um belo ritual e queime a lista, por exemplo, em uma fogueira no seu jardim ou em um pote de flores à prova de fogo. Confie em mim, isso não é vergonhoso nem esotérico, mas verdadeiramente libertador e empoderador. Agora, você usará essa nova energia para trabalhar na realização de seus planos atuais.

Pegue sua lista número um e escreva um "L", um "M" ou um "C" ao lado de cada objetivo. As letras estão divididas nas seguintes categorias:

L = objetivo de longo prazo com uma escala de tempo de dois a cinco anos.

M = objetivo de médio prazo com prazo de doze meses.
C = objetivo de curto prazo com prazo de quatro semanas.

Você usará seus objetivos de longo prazo como a visão convincente para seu futuro. Revise cada frase até que uma onda de emoções fortes tome conta de você só de pensar nisso. Quanto mais emocional for sua associação com seu objetivo, maior será a probabilidade de que você esteja disposto a fazer qualquer coisa para alcançá-lo. Para o maior efeito possível, recomendo o desenvolvimento de uma visão forte para cada área singular de sua vida. Muitos dos meus clientes alcançaram enorme sucesso exibindo sua visão em seu escritório, em um poster (quadro de visão) ou colocando um pedaço de papel com a visão escrita na carteira. Quanto mais você pensar sobre isso (consciente ou inconscientemente), mais cedo suas ideias, decisões e sonhos resultarão em ações específicas e massivas.

Porém, como estamos falando de uma linha do tempo de dois a seis anos, é importante que você estabeleça alguns marcos no caminho. É aí que entram em jogo os objetivos de médio e curto prazo. Percorra todos seus planos nessa categoria e, para cada um deles, imagine como se sentirá quando tiver alcançado seus marcos. Uma coisa importante também se aplica aqui: quanto mais emocional, melhor.

Agora, pegue outro pedaço de papel em branco e escreva seus três objetivos mais importantes. Se você ainda tiver algum problema durante essa etapa, volte e leia o parágrafo sobre como tomar decisões novamente.

Isso nos traz ao passo final. Vamos rever suas três metas mais importantes tantas vezes que você simplesmente não poderá fazer nada além de começar totalmente motivado e tomar medidas substanciais em relação aos seus objetivos. Fique tranquilo, não o incomodarei com as habituais fórmulas de objetivos nem o torturarei para que mexa nos detalhes até perder o desejo de começar a colocar tudo em prática. Não, em vez disso, gostaria de lhe apresentar meu teste para avaliar seus objetivos, que tem me servido bem já há alguns anos. É rápido, confiável e proporciona a clareza necessária.

Para pôr à prova seus três objetivos mais importantes, você só precisa se fazer uma única pergunta: "Os meus objetivos são S.E.C.S.I?"

S.E.C.S.I é uma sigla na qual cada letra representa uma qualidade importante que os objetivos poderosos deveriam ter, em minha opinião.

OBJETIVOS DEVEM SER S.E.C.S.I

S de *specific*, ou específico

Seu objetivo deve ser o mais detalhado e específico possível. Desejos vagos ou simplesmente "sem graça" não têm lugar nessa fase do processo.

E de *emotional*, ou emotivo

Imagine que já tenha alcançado seu objetivo. O que acontece dentro de você? Só de pensar nisso, você fica tranquilo? Então seu objetivo não é emotivo o suficiente. Porém, se você for atingido por uma onda de emoções intensas, vai começar a torná-lo realidade por conta própria. A pergunta que você deve fazer a si mesmo para cada objetivo é a seguinte: "Quero atingir este objetivo com todo o meu coração e com toda a minha alma?"

C de *concrete*, ou concreto

Você tem etapas intermediárias, marcos e um prazo que possa ser medido?

S de *self-sufficient*, ou autossuficiente

Este é um ponto especialmente importante. Você consegue alcançar seu objetivo sozinho ou precisa da ajuda de outros? Um exemplo: "Gostaria de ser promovido a gerente de filial no próximo ano" é uma meta que não seria suficiente para esses critérios, porque você estaria sujeito ao comportamento de seus superiores. Uma alternativa seria: "Vou fazer meu trabalho motivado, aproveitá-lo no próximo ano e dar muita importância aos meus resultados, para que meus supervisores não se esqueçam de mim quando a próxima promoção surgir."

I de *initiative*, ou iniciativa

Por último, mas não menos importante, seu objetivo é suficientemente motivador para você estar disposto a tomar uma decisão e começar por si próprio?

Se você revisou os três objetivos mais importantes de acordo com a "fórmula S.E.C.S.I.", as chances são muito boas e você deve se animar para começar. Porém, quanto maiores forem seus planos, mais a vida testará sua seriedade. Ao superar esses obstáculos inevitáveis, o quarto pilar de mudanças duradouras será de alguma ajuda para você.

USE A FÓRMULA DO UM POR CENTO

Durante a época de Carnaval, minha filha Emma chegou da escola e anunciou, animadamente: "Papai, hoje estávamos falando sobre jejum na escola. Foi superinteressante, e eu decidi que também vou começar a jejuar. Vou fazer um jejum de doces durante as próximas duas semanas, porque sei que eles não são bons para meus dentes e para minha saúde." Você não pode imaginar como eu estava orgulhoso, e como admirava a determinação dela. Então eu a parabenizei pela decisão. Ainda mais surpreendente foi vê-la sentada à nossa mesa de jantar no dia seguinte, desfrutando de um grande e saboroso picolé Magnum. Por causa de seu anúncio espirituoso no dia anterior, fiquei um pouco surpreso, mas não disse nada e apenas me sentei ao lado dela. Depois de ter lambido cada pedaço de sorvete, ela olhou para mim com alegria e disse: "Eu percebi uma coisa, papai. Você sabe que estou atualmente fazendo um jejum de doces, mas, se eu já começar a abrir uma exceção no primeiro dia, tenho um problema."

Ela estava certa, porque o jejum dos doces nunca foi colocado em prática e, mesmo tendo um grande sorriso na cara naquele momento, tive que pensar em quantas pessoas estão agindo de acordo com esse padrão. Elas anunciam uma mudança desejada com palavras grandes, lançam-se mais ou menos entusiasticamente na tarefa, e, depois de um curto período, desistem. Porém, esse impulso inicial é particularmente crucial.

Apesar de ter um foco claro, ideias corajosas e estar altamente motivado serem fatores muito importantes, agir faz toda a diferença no fim das contas. Por isso, o quarto pilar de mudanças duradouras é uma combinação de disciplina, resistência e da crença inabalável de que você vai conseguir.

Quanto mais desconhecido for um novo pensamento ou comportamento, maior é o risco de cairmos de volta em nossos velhos hábitos, simplesmente porque é mais conveniente. Dizer "Sim!" para a mudança, tomar uma decisão irrevogável, assim como ter um objetivo claro farão com que seja realmente muito provável que você possa enfrentar esse risco com sucesso. Porém, ainda assim, você deve, o máximo de vezes que puder, lembrar-se conscientemente de que não pode desistir e tem que ficar atento durante as primeiras semanas em que começar uma mudança. Lembre-se sempre de uma coisa: nunca...

- é fácil;
- é o momento certo;
- é perfeito;
- são as circunstâncias certas;
- é garantido que você será bem-sucedido.

A vida vai fazer com que muitas pessoas não sejam éticas e irá encorajá-lo a permanecer em sua zona de conforto acolhedora. Há sempre...

- razões para não seguir em frente;
- outros compromissos importantes;
- outras pessoas que querem mudar sua opinião;
- dias em que você não se sente bem;
- situações para as quais você não está preparado;
- obstáculos no caminho;
- dúvidas sobre se você está fazendo a coisa certa;
- circunstâncias externas que estão contra você;
- noites sem dormir;

- dias longos no escritório;
- dias em que você tem que se levantar cedo;
- momentos em que você tem medo.

Parece ser sempre mais fácil...

- não fazer nada;
- deixar tudo como está;
- sentar-se no sofá e ver televisão;
- aceitar as circunstâncias;
- resignar-se à inércia;
- culpar os outros;
- procurar por desculpas e razões pelas quais as coisas não podem dar certo;
- desistir;
- satisfazer as expectativas dos outros, em vez de seguir a própria visão.

Você deve esperar ter esses ou outros pensamentos semelhantes correndo por sua mente quando começar a realizar seus objetivos. Se tudo correr bem e sem nenhum obstáculo, há uma grande probabilidade de que seu objetivo não seja suficientemente grande. Quer queiramos ou não, a vida não é fácil. É difícil, você não terá nada de graça e terá que começar de novo todos os dias. O sucesso, uma vida autodeterminada e um sentimento geral de satisfação não caem do céu. No entanto, se você integrar a mentalidade *pense, faça, mude* em sua vida, há boas chances de que nada possa detê-lo e que você comece alegremente. É exatamente por isso que você nunca precisa...

- de um título, dinheiro ou permissão de outros;
- do plano de negócios perfeito;
- de instruções passo a passo que incluem todas as possibilidades;
- de um resultado cem por cento perfeito;

- do carro mais rápido;
- do maior escritório;
- do mais novo equipamento técnico.

Comece agora. Faça isso. Siga seu coração e use sua mente. Em breve você compreenderá que os primeiros quilômetros são os mais difíceis, mas a cada dia que você integrar esse novo comportamento na vida, mais fácil se tornará.

No ano passado, visitei o Kennedy Space Center, no Cabo Canaveral, durante nossas férias em família na Flórida. Uma informação que o guia nos deu ficou em minha cabeça: um ônibus espacial usa mais combustível nos primeiros quilômetros de decolagem do que durante toda a órbita em volta da Terra. As mudanças também são difíceis no início e requerem muita força, mas o esforço vale a pena porque seu novo comportamento acabará se tornando um hábito motivacional, o que o aproxima de seu objetivo, passo a passo. Sou um grande defensor da "fórmula do um por cento". Li sobre isso em um livro do dr. Alan Weiss, e ele resume bem essa ideia nos últimos parágrafos:

Se você melhorar apenas um por cento a cada dia, será duas vezes melhor em setenta dias.

Essa afirmação mostra que é a soma de todos os pequenos passos que o leva ao sucesso no fim. Um dos meus mentores resumiu isso, logo no início da minha carreira, em uma frase que eu não esqueci até hoje. "Ilja, sempre que você se deparar com uma mudança no futuro, quero que pense em pequenos passos. Não importa quão pequenos possam parecer, cada um deles nos aproxima do nosso objetivo. E antes que você perceba, essas muitas pequenas mudanças farão uma grande diferença."

Que diferença você quer fazer? De quais novos hábitos você precisa para levar a si e sua empresa para o próximo nível? Seja qual for sua resposta, eu gostaria de lembrá-lo de que é perfeitamente normal...

- não saber tudo antes do tempo;
- não ter todas as respostas (não importa o que lhe dizem, ninguém tem!);
- às vezes ter uma sensação de enjoo;
- começar imperfeito e aprender no caminho, com as experiências;
- decepcionar-se às vezes;
- dar-se por satisfeito com oitenta por cento às vezes (em vez de esperar eternamente pela perfeição).

Tudo isso é perfeitamente normal. O que importa é que você comece. Por outro lado, não é aceitável de modo algum...

- esperar que tudo corra bem e que funcione por si mesmo;
- desistir imediatamente se algo não correr como você imaginou;
- esperar sucesso e resultados imediatos;
- não mudar nada e ainda esperar que algo mude;
- reclamar da vida, das circunstâncias, dos seus colegas ou do seu patrão, sem fazer uma mudança;
- perguntar-se constantemente "E se?" sem nunca tentar;
- desistir de seus sonhos e visões por causa das expectativas das outras pessoas.

Dê seu melhor e comece! Um dos meus mantras é: "Você se prepara. Você vai até lá. Você dá seu melhor!" Se você agir de acordo com essa máxima, o sucesso chegará. Comece a agir e a fazer as coisas.

Certifique-se sempre de que está seguindo seu próprio caminho, não o dos outros. Pode ser difícil às vezes, e você terá que superar muitos obstáculos. Você vai cometer erros, quanto mais, melhor, porque vai aprender mais com eles. O importante é: levante-se uma vez mais após cair. Admito, você também vai precisar de um pouco de sorte. Sei que você já leu muitos livros que dizem que o sucesso pode ser planejado em uma prancheta de desenho, mas a vida, infelizmente, nunca corre de acordo com os planos, e com certeza não corre de acordo com o que nós pensamos. Muitas vezes só precisamos daquele pouco de sorte extra.

Você tem que estar no lugar certo, na hora certa, para encontrar a pessoa certa lá, mas estou firmemente convencido de que você também pode forjar sua sorte. Quanto mais a preparação correta se encontrar com a ação determinada, mais você estará em situações em que seu ambiente provavelmente consideraria uma feliz coincidência.

RESUMO DO CAPÍTULO

PENSE, FAÇA, MUDE - AS GRANDES IDEIAS DESTE CAPÍTULO

- ✓ Ouça seu coração, mas nunca se esqueça da sua mente.
- ✓ Nada é tão poderoso quanto uma combinação de análise racional e ações emocionais.
- ✓ Um especialista é alguém que conhece o básico de cor.
- ✓ Seu dinheiro, sua energia e seu tempo irão para as áreas da vida que são importantes para você.
- ✓ Diga "Sim!" tão frequentemente quanto possível para a mudança, para a transformação, para a vida.
- ✓ Uma decisão a favor de algo significa uma decisão contra algo ao mesmo tempo.
- ✓ Tomar uma decisão real significa comprometer-se com essa ação com cada fibra de seu corpo e não se deixar enganar por contratempos.
- ✓ Cada mudança começa com uma decisão irrevogável.
- ✓ Use a fórmula S.E.C.S.I. para uma defesa bem-sucedida dos objetivos.
- ✓ Use a fórmula do um por cento para hábitos duradouros.
- ✓ Faça o que fizer: esteja preparado. Apareça. Dê seu melhor.

O propósito da vida é vivê-la

Por que às vezes Nova York está bem ali na esquina

*"Oh, come take my hand, we're riding out tonight to case the Promised Land. Oh oh oh, thunder road, oh thunder road, thunder road"**
- Bruce Springsteen, "Thunder Road"

Não sei quanto a vocês, meus caros leitores, mas acho triste e maravilhoso, ao mesmo tempo, que tenhamos chegado ao último capítulo deste livro. Triste porque nosso tempo juntos está lentamente chegando ao fim (pelo menos por enquanto, eu adoraria conhecer todos vocês pessoalmente um dia), mas ainda assim maravilhoso porque já passamos por muitos obstáculos e conquistamos algumas vitórias.

Ficarei imensamente feliz se você tiver dito mais de uma vez a frase: "Vou fazer isso", e começado a viver sua vida autodeterminada e com uma alta motivação interior. Nada me faria mais feliz do que o maior número possível de sucessos que você puder celebrar em várias áreas de sua vida por causa deste livro. Se não estiver nesse ponto ainda, tudo bem também; afinal, a vida não é uma competição, e todo mundo começa pequeno. Porém, não se esqueça de seguir em frente. Se você

---

* *"Oh, oh, venha, pegue minha mão. Nós estamos partindo esta noite, rumo à terra prometida. Oh, oh estrada do trovão, oh estrada do trovão, oh estrada do trovão."*

se comprometer com seus sonhos, trabalhar duro e nunca desistir, seu sucesso virá. Talvez não hoje ou amanhã, mas vai chegar.

Ao mesmo tempo, gostaria de mencionar o perigo associado a isso, porque nada diminui nossa velocidade como o sucesso. "Espere um minuto! Eu sempre achei que o sucesso fosse uma coisa boa!", você provavelmente protestará. E é, mas temos que estar sempre alerta para que isso não nos deixe muito confortáveis. Como Marshall Goldsmith percebeu em seu best-seller de mesmo título, "O que o trouxe até aqui não vai levá-lo até lá" (*What got you here won't get you there*, na versão original). Em outras palavras, ser bem-sucedido hoje significa uma coisa acima de tudo: saber o que funcionou ontem.

Muitas vezes me deparo com os resultados de tal conforto causado pelo sucesso durante meus seminários. No último dia, eu sempre gosto de fazer um rápido feedback e perguntar aos participantes o que mudou ou aconteceu com eles durante o tempo que passamos juntos. Admito que, às vezes, tenho que conter as lágrimas, porque há pessoas que de fato mudam suas vidas de dentro para fora durante o pouco tempo em que tenho o privilégio de caminhar ao seu lado. Porém, há também as outras categorias. E normalmente ouço uma espécie de variação da seguinte afirmação: "Foi muito bom. Apesar de já saber tudo, foi bom ter tudo conformado novamente."

Afirmações como essa sempre me partem o coração, porque um atestado como esse significa morte certa para qualquer desenvolvimento, já que não está acontecendo mais crescimento. Em vez disso, você continua dizendo a si mesmo que já é bem-sucedido e se organiza com o status quo. Eu realmente não quero fazer um apelo para a popular mentalidade "mais rápido, mais alto, mais longe" nesse momento, porque, para mim, reconhecer até mesmo os pequenos detalhes, desfrutar de momentos de paz e ser grato por tudo o que você tem são partes importantes de ter uma vida plena. Porém, estou convencido de que nunca devemos descansar sobre os resultados do passado. Felizmente, a mentalidade *pense, faça, mude* está quase forçando-o a aproveitar as várias oportunidades que se apresentam a você.

Por isso, eu gostaria de incitá-lo a permanecer crítico e faminto, mesmo nos momentos de grande sucesso. Pense fora da caixa, quebre as regras e continue questionando as circunstâncias supostamente normais. Esteja aberto a ideias inovadoras e crie um novo caminho. O mantra é: "Saia de sua zona de conforto e abrace a mudança." Para isso, você vai precisar de uma boa dose de coragem, porque novas ideias são muitas vezes ridicularizadas, e às vezes até mesmo fortemente combatidas. Isso sempre me irrita, porque, a esta altura, você conhece a citação de Niels Bohr que eu gosto de mencionar tão frequentemente: "As previsões são difíceis, especialmente se tiverem a ver com o futuro."

Ainda assim, muitas pessoas reagem quase automaticamente com rejeição quando se trata de novas ideias e mudanças de pensamento, porque a conveniência do já foi alcançado se tornou muito poderosa. Dirão coisas como: "Eu sei tudo sobre isso"; "Já tentei isso"; "Nunca vai funcionar"; "Por que eu deveria mudar alguma coisa?"; ou o notório "Sempre fizemos as coisas desta maneira". Já ouviu isso antes? Já disse isso antes? Se lhe parece familiar, então fique seguro, você não é o único. Gostaria de dar alguns exemplos proeminentes na história, em que pessoas inovadoras tiveram de enfrentar muita resistência quando introduziram suas ideias corajosas ao público.

- Um perfurador, em 1859, disse, antes do primeiro projeto de perfuração de poço de petróleo: "Perfuração? Quer dizer, fazer um buraco no chão e tentar encontrar petróleo? Você deve ter ficado louco!"
- Charles H. Duell, diretor do departamento de patentes dos Estados Unidos, fez esta declaração ousada em 1899: "Tudo o que pode ser inventado já foi inventado!"
- Após o alemão Kaiser Wilhelm II ouvir o desenvolvedor Wilhelm Maybach explicar o procedimento de partida de dez minutos do motor Mercedes Simplex em 1903, ele comentou: "O carro não tem futuro. Estou apostando o meu dinheiro no cavalo."
- Após ter sido questionado sobre o mais recente desenvolvimento dos filmes falados em 1927, o gigante Harry Warner perguntava-se: "Quem é que quer ouvir os atores falando?"
- O chefe da 20th Century Fox, Darryl F. Zanuck, previu em 1946: "A TV não vai prevalecer no mercado. As pessoas vão se cansar

de ter que olhar para uma caixa de madeira todas as noites." (Um prognóstico quase visionário, porque a maioria das pessoas hoje já está sentada em frente à TV ao meio-dia ou pela manhã.)

- Quando os Beatles enviaram sua fita demo para a Decca Recordings, em 1962, a carta de rejeição dizia: "Nós não gostamos de seu som. E, de qualquer maneira, grupos de violão estão saindo de moda."
- E em 1995, o chefe da Microsoft, Bill Gates, ousou fazer a minha previsão favorita: "A internet é apenas um modismo."

Agora, imagine se todas as pessoas que tinham essas ideias fenomenais tivessem escutado os críticos, os reclamões e os sabichões e dito: "Certo, realmente não sei se isso vai dar certo. É melhor eu desistir agora." Felizmente, elas acreditaram em suas ideias e lutaram por seus sonhos. Podemos aprender algo com isso para nossa vida diária. Toda mudança é difícil no início. Quando algo é novo, é perfeitamente normal ficar inseguro e ter dúvidas sobre se é a coisa certa a fazer. Porém, se você quer ativamente criar mudanças, só tem que ousar se tornar um pensador crítico, um quebrador de regras e um revolucionário. A razão é simples. O mundo não se importa se você muda ou não, mas pode ter certeza de uma coisa: a sociedade, seus clientes e as pessoas a seu redor com certeza se importam.

Por acaso, a vida é muitas vezes o melhor professor. Recentemente, eu estava dando uma palestra sobre gestão de mudanças como convidado em uma universidade de Berlim. Enquanto olhava para o rosto dos alunos, uma coisa se tornou muito clara para mim. Apesar de me considerar inovador e de mente aberta aos quarenta anos, já pertenço à geração da "velha guarda". Até minha filha Emma me perguntou, outro dia: "Papai, como é ser tão velho?". Eu tive que pensar exatamente nessa questão naquele momento na universidade, porque os estudantes do auditório tinham em média 21 anos, o que significa que nasceram em 1994 (você se lembra do que estava fazendo em 1994?). Por favor, deixe esses números marinarem por um momento, porque isso significa:

- Esses jovens nasceram muitos anos após a queda do Muro de Berlim e nunca viveram a RDA (República Democrática Alemã, também conhecida como Alemanha Oriental).
- Helmut Kohl é um cara do qual eles provavelmente nunca ouviram falar, e para eles é difícil imaginar que a Alemanha já teve um chanceler que não era uma mulher (pense em Angela Merkel).
- Nunca usaram fitas cassetes para ouvir música, telefones com fio ou telex (e provavelmente também não sabem o que é um fax). Até mesmo o leitor de CDs e os primeiros modelos de iPod são mais ou menos relíquias antigas, e não conquistas da tecnologia moderna.
- Eles não conhecem *De volta para o futuro*, com Michael J. Fox, *A supermáquina*, com David Hasselhoff, ou o elenco original de *Star Trek*. Nunca na vida eles usaram uma TV que só tinha sete canais, e que fazia com que você tivesse que se levantar do sofá para trocar de programa, só para ver tudo em preto e branco.
- Em vez disso, eles possuem pelo menos um iPad, um iPhone e um laptop (provavelmente um Apple Watch também), comunicam-se através do Facebook Messenger, Instagram ou WhatsApp oitenta por cento do tempo, e estão online 24 horas por dia, sete dias por semana.

Aqui está o meu ponto de vista. Dentro de alguns anos, esses jovens serão seus clientes, colegas de trabalho e, em alguns casos, talvez até seus chefes. O que nos leva ao momento da verdade. Você acha que isso é uma coisa ótima, ou isso o assusta? No fim das contas, não importa, independentemente de como você classifica isso, porque é o que é. Nem você nem eu seremos capazes de parar esse desenvolvimento (e você pode esperar passar por outro conjunto de inovações nos próximos anos).

Contudo, quanto melhor você estiver preparado para as tendências futuras, mais sucesso vai ter. E ficará ainda mais fácil se você se tornar um *trendsetter*, se você fizer o próprio caminho, independentemente de circunstâncias externas, tendências e influências. Isso nos leva ao tema principal deste capítulo: quanto mais você trilhar seu próprio caminho, mais proposital será sua vida. Quanto mais propósito você coloca em cada momento, mais intensas são as suas experiências diárias. Quanto mais emocionante for sua experiência, mais naturalmente você será capaz de lidar com os diferentes desenvolvimentos em seu futuro. Se está se perguntando agora "Tudo isso soa bem, mas como dou um propósito à minha vida?", então eu gostaria de lhe dar duas respostas. A versão ultracurta é que o propósito da vida é vivê-la (essa, aliás, é uma frase sobre a qual vale a pena pensar um pouco mais). A variação mais longa é a seguinte: a maior motivação e o propósito mais profundo podem ser encontrados nas conquistas. Ao fazer, implementar e tomar medidas. Para lhe dar a versão realmente detalhada, tenho que compartilhar algumas informações do meu passado com você.

O TESTE RÁPIDO DE NOVA YORK PARA MUDANÇAS DURADOURAS

Por mais de vinte anos, tenho sido um grande fã do cantor e compositor Udo Jürgens. Nascido em uma pequena aldeia austríaca, ele se tornou uma estrela internacional se apresentando em todo o mundo. Ele vendeu mais de cem milhões de álbuns durante sua carreira e compôs canções para Shirley Bassey, Sammy Davis Jr. e Frank Sinatra. Mesmo que tenha morrido aos oitenta anos, em 2014, a música de Udo Jürgens vai viver conosco para sempre. Sempre fiquei fascinado com a história de vida desse artista incrível, porque ele foi o exemplo perfeito de como a vida de um changemaker pode ser quando posta em prática. Além do mais, gosto das suas canções, letras e melodias porque me acompanharam durante diferentes fases da vida. Elas têm me inspirado, ajudado e motivado.

Porém, isso não para por aqui porque, há mais de doze anos, toco minha música preferida de Udo Jürgens no início, intervalos e fim de meus seminários, treinamentos e workshops. Chama-se "Ich war noch niemals in New York" (Nunca estive em Nova York). Eu adoro essa música, especialmente a letra, porque é como um hino que representa o desejo de mudança. E, para o meu público... bem, se você ouvir essa canção cinco vezes por semana, sete vezes por dia, ela terá impacto em você. Como essa música tinha sido uma companheira durante tanto tempo, um dia tive uma ideia maluca: "Por que não realizar um seminário inteiro em Nova York um dia?" Fiquei tão obcecado com essa ideia que, um ano, junto com um grupo de vinte pessoas, eu viajei para a Big Apple para um seminário sobre mudança.

Parte do programa era um desafio concebido para esticar a zona de conforto. Foi algo parecido com isso: os participantes foram instruídos a se espalharem por lugares famosos como a Estátua da Liberdade, o Central Park ou a Ponte do Brooklyn; encontrar um grupo de pelo menos quinze nova-iorquinos e ensiná-los a cantar a música que nos levou até lá, "Eu nunca estive em Nova York". Não em inglês, mas em alemão. Assim, durante todo o dia, todos estavam inteiramente focados em Udo Jürgens e em sua grande canção. Em muitos lugares de Nova York, ela foi cantada por pessoas de todo o mundo e pode-se dizer que o espírito de Udo Jürgens estava contagiando Nova York naquele dia.

Enquanto isso, eu andava mais ou menos sem rumo por Manhattan, apreciando a atmosfera única da cidade. Estava pensando muito nos participantes do meu seminário, cantarolando a melodia da música, e me perguntei se Udo Jürgens já estava com a orelha ardendo de tanta gente pensando nele naquele momento. Porém, o que aconteceu em seguida ainda me surpreende até hoje.

Posso perguntar se você acredita em coisas como coincidências ou destino? Gostaria de compartilhar uma pequena estatística com você. Há mais de oito milhões de pessoas vivendo apenas em Manhattan. Acrescente a isso cerca de cinco milhões de pessoas que trabalham na cidade de Nova York e os turistas e estamos falando de um total de cerca de treze milhões de pessoas que, por acaso, se encontravam em Nova York naquele dia em particular. Por favor mantenha isso em sua mente, porque o que aconteceu foi o seguinte.

Eu estava andando da Madison Avenue em direção ao Central Park quando tive que parar em um sinal vermelho. Enquanto esperava que ficasse verde, notei um homem do outro lado da rua que me parecia muito familiar. Tive mesmo que olhar para ele algumas vezes até ter certeza absoluta. Quem estava do outro lado da rua, naquele dia especial em Nova York? Exatamente. Era ele. Udo Jürgens estava na minha frente, ao vivo e a cores.

Notei instintivamente que aquela era uma oportunidade única na vida. Então abri o meu sorriso mais bonito e disse: "Olá, Udo." É claro, eu disse a ele o que os participantes do meu seminário estavam fazendo naquele momento na cidade, por que sua música significava tanto para mim e quantas pessoas estavam cantando atualmente em áreas diferentes de Nova York. Quer saber o que o Udo Jürgens me disse logo depois? Nem consigo me lembrar, mas nunca vou me esquecer de como me senti naquele momento. Aquela estrela internacional de sucesso fez eu me sentir como se eu fosse a pessoa mais importante para ele naquele momento na Madison Avenue.

No geral, conversamos por alguns minutos e, no fim, lhe fiz uma pergunta que me passou muito pela cabeça durante aquele tempo. "Conheço tantas pessoas que já estão frustradas aos vinte ou trinta anos. Qual é seu segredo, como você ainda consegue fazer o que faz com tanta paixão e motivação aos quase oitenta anos?" Até hoje, estou fascinado com a resposta que Udo Jürgens me deu. Ele pensou por um momento e, depois, disse: "É simples, você só tem que encontrar sua Nova York pessoal e depois fazer tudo o que for preciso para chegar lá."

Ainda fico arrepiado quando penso naquele momento porque esse simples conselho se aplica a todo tipo de mudança, tanto às grandes como às pequenas, às fáceis e às difíceis. Nada funciona quando se aciona o freio de emergência, você não pode mudar nem um pouco assim. Ou é tudo ou nada. E não é isso que é a vida? Quando você sabe o que e por que quer mudar, encontra um caminho, porque está disposto a cometer erros e aprender com os fracassos que, com certeza, vão acontecer. Estou convencido de que posso compreender tão bem a razão por trás da declaração de Udo Jürgens porque sei o grande efeito que ela pode ter quando você se coloca no caminho rumo a sua Nova York pessoal, a julgar pela minha própria história.

Como você leu no início do livro, fui gerente de loja em várias empresas de varejo como Karstadt, Hertie, Wertheim e IKEA. Em sete anos fui responsável por um total de dez lojas diferentes em toda a Alemanha. Durante esse tempo, tive de lutar com vários tipos de mudanças quase diariamente, tanto em termos pessoais quanto com minha equipe. Não me lembro exatamente quando isso aconteceu, mas, a certa altura, o assunto sobre como lidar com sucesso com a mudança não me deixava em paz. Podemos dizer que eu estava obcecado com isso. Esse fascínio quase inevitavelmente foi transformado em um sonho. Eu queria começar meu próprio negócio, queria escrever livros e fazer discursos. Porém, à medida que meu sonho crescia, também crescia meu medo da mudança necessária.

Nunca esquecerei o dia em que a minha vida foi completamente virada do avesso. Era 8 de março de 2008 e, olhando de fora, eu tinha atingido o auge da minha carreira, mas por dentro tinha chegado ao fundo do poço. Estava frustrado, sentindo-me alienado e nunca via minha família porque estava trabalhando em Hamburgo e nossa casa era em Berlim. Eu com certeza não tinha imaginado minha vida assim, mas ainda não tinha encontrado coragem para mudar nada. Então, um dia, quando estava preso em um engarrafamento na estrada, compreendi claramente: "Ninguém está me forçando a continuar a fazer o que estou fazendo. Posso tomar a decisão a qualquer momento de mudar minha vida e fazer o que quero fazer, em vez disso." Esse novo entendimento me atingiu com tanta força que não pude deixar de dizer "Vou fazer isso!" conscientemente, pela primeira vez.

O que aconteceu depois disso é história, como se diz. Tomei a decisão de abandonar minha carreira no varejo e seguir minha vocação de palestrante, coach de mudança e autor. Sei que tudo isso soa muito fácil e simples em retrospectiva, mas não foi. O preço da minha decisão foi enorme porque eu tive que começar do zero em muitos aspectos. Meus colegas e conhecidos balançavam a cabeça com incredulidade naquele momento. Eles disseram: "Como você pode desistir de um emprego tão bem pago e seguro?" Além disso, eu tinha acabado de construir uma casa e minha filha mais velha tinha acabado de completar dois anos. Isso torna a pressão emocional ainda mais forte, porque eles me acusaram de agir de forma completamente irresponsável.

Porém, tenho certeza de que essa foi a razão pela qual me tornei bem-sucedido, porque o impulso emocional era muito forte, porque eu não queria nada mais do que implementar com sucesso aquela mudança, porque minha família era minha nova equipe. Essas pessoas eram as únicas em quem eu podia confiar cem por cento quando se tratava dos meus planos, e era a vez delas poderem confiar em mim. E sabe do que mais? Desde o momento em que tomei minha decisão naquele engarrafamento, não tive que me preocupar novamente com minha motivação. Desde aquele dia, sei para que eu faço o que faço *porque* o faço, porque eu encontrei minha Nova York pessoal na vida, que fica na esquina da Berlim Pankow, mas, acima de tudo, porque estou disposto a fazer tudo o que for preciso para chegar exatamente lá.

Eu gostaria de fazer agora algumas perguntas que, espero, já lhe tenham passado pela cabeça enquanto você lia. "Como é sua Nova York pessoal na vida? O que lhe faz saltar energeticamente da cama pela manhã? Com que assunto você está tão positivamente obcecado que não pode ignorar?" Quanto mais você quiser mudar a si mesmo com toda a sua alma e ter o apoio de uma equipe forte, mais será capaz de lidar com os próximos desafios com sucesso.

Ainda não tem tanta certeza? Gostaria de lhe apresentar uma técnica poderosa que tenho usado há anos, que o ajudará a descobrir sua Nova York pessoal na vida ou a fortalecê-la mais uma vez. Eu chamo de "o teste rápido de Nova York para mudanças duradouras". E é assim: a fim de realmente continuar a desenvolver minha motivação, eu me faço três perguntas que têm um efeito muito poderoso, todos os dias; a primeira, de manhã, logo após despertar, e as outras à noite, quando repasso os eventos do dia em minha cabeça.

O TESTE RÁPIDO DE NOVA YORK PARA MUDANÇAS DURADOURAS

- Pergunta 1: Quais as três coisas que eu quero fazer hoje?
- Pergunta 2: Quais foram as cinco coisas que eu vivi hoje que estou especialmente grato?

- Pergunta 3: Será que me aproximei mais da minha Nova York pessoal com minhas ideias, decisões e ações?

Meu desafio para você: tente isso por pelo menos quatro semanas, mais tempo, se quiser, mas não menos. Claro, estou bem ciente de que apenas uma pequena parte dos meus leitores aceitará esse desafio. Porém, se você seguir o teste rápido de Nova York, vai perceber o quanto seu foco irá mudar, o quanto você reconhecerá o que realmente importa na vida e o quão maior e mais forte se tornará sua motivação pessoal. Talvez você também descubra que nem precisa atravessar o Oceano Atlântico para conhecer sua Nova York pessoal, ela está bem ali na esquina — dentro de você.

UMA HORA FAZ A DIFERENÇA

Você é uma daquelas pessoas que gostam de se comparar aos outros? Seu melhor amigo tem mais sucesso no trabalho, seu vizinho dirige um carro mais rápido e todos seus exemplos estão fora de seu alcance em todos os casos. O problema com esse tipo de comparação é que ele leva a uma visão completamente distorcida do mundo porque, infelizmente, tendemos a nos comparar com pessoas que já estão onde queríamos chegar há anos, ou com aquelas que superamos há algum tempo no que diz respeito ao desenvolvimento pessoal.

Quando se trata de comparações como essas, não se pode ganhar. Imagine que você seja um jogador de golfe medíocre e tenha decidido treinar seu *handicap* durante os próximos doze meses. Não importa quão grande seja seu progresso, se você comparar suas habilidades com as de Jason Spieth, isso inevitavelmente levará a frustração, insatisfação e baixa autoestima. Se você usar um iniciante absoluto como seu ponto de referência, o resultado é uma combinação de preguiça, falsa satisfação e desenvolvimento ilusório.

Portanto, esqueça as comparações desde o início, elas não servem de nada. Em vez disso, eu recomendaria que você fique feliz pelos outros em momentos de sucesso, aprenda com eles e depois se concentre apenas em seu desenvolvimento. A única pessoa com quem você deve se comparar é você. Que tipo de potencial oculto você tem? Do que você é capaz? O que pode conseguir quando solta o freio de mão? Somente quando você tornar a melhor versão possível de si mesmo seu ponto de referência poderá iniciar seu caminho para desenvolver todo o seu potencial em todas as áreas da sua vida. Dependendo do nível em que você está atualmente, isso pode não acontecer de um dia para o outro, porém, você pode alcançá-lo se estiver disposto a trabalhar duro por sua Nova York pessoal, cometer erros ao longo do caminho e aprender com eles.

O importante é fazer dessa mentalidade um hábito diário, às vezes isso acontece mais rápido do que você imagina. Quando eu era gerente de loja na IKEA, em um verão, estávamos passando por um problema de falta de pessoal no departamento de recepção. Para mostrar que fazíamos o que pregávamos sobre o espírito de equipe, nós, do conselho de administração, decidimos entrar em campo por uma semana para que os funcionários pudessem tirar suas férias conforme o planejado. O que aquilo significava para mim? Levantar às três horas da manhã, começar a trabalhar às três e meia e depois organizar mercadorias durante oito horas para que os clientes não encontrassem prateleiras vazias quando a loja abrisse.

Uma noite, fui designado para o departamento têxtil e estava em frente a um enorme palete cheio de caixas com produtos esperando para serem desempacotados e depois armazenados nas prateleiras. Na primeira caixa estava um produto muito especial, uma pele de carneiro chamada *ludde*. Se você não sabe, é um daqueles tapetes clássicos que você coloca ou na frente da sua cama ou na frente da lareira. Mais importante ainda, é um dos itens mais vendidos da IKEA.

Até aquele momento, eu acreditava que o *ludde* de pele de carneiro era feito de peles sintéticas, porém, logo que abri a primeira caixa, percebi que minha suposição estava muito errada. Assim que pousei o estilete, um cheiro terrível que só pode ser descrito como "Credo, ovelha!" me atingiu. Se você está apenas inocentemente lendo isso, provavelmente não parece tão ruim assim, mas, naquele momento especial, eu senti que ia desmaiar. No entanto, como líder, você tem que lidar com isso, então corajosamente arrumei cerca de vinte peles em suas prateleiras.

Estava prestes a me dar o luxo de uma recompensa quando meu olhar bateu no palete. E o que eu vi? Mais nove caixas cheias de *ludde*. Mais nove repetições do fedor horrível. Porém, algo notável aconteceu. Quando cheguei à segunda caixa, tive que me forçar a abri-la. Ainda estava muito difícil quando cheguei na terceira. Assim que cheguei à quarta caixa, já não era assim tão ruim e, quando abri a quinta, pensei: "Bem, as ovelhas não cheiram tão mal." Estava ficando cada vez mais normal quando eu abri a sexta, a sétima e a oitava. Depois de ter guardado a nona caixa, na verdade tive o seguinte pensamento: "Acho que vou comprar um *ludde* de pele de carneiro para mim, e colocá-lo em casa na frente da lareira!"

É notável a rapidez com que nos habituamos a certa forma de pensar e agir. Assim que esses padrões se alojam, é muito difícil livrar-se deles novamente. Se você já tentou substituir um velho hábito por um novo, sabe exatamente o que quero dizer. A aconchegante zona de conforto diz "olá", porque gostamos de defender nossas queridas rotinas mais que tudo. Portanto, seria muito útil se pudéssemos adquirir alguns hábitos sólidos para o sucesso. O que você acha do pensamento de que suas ideias, decisões e ações o apoiam, em vez de prendê-lo? E se você fosse tão bom em uma área de sua vida que fosse considerado um especialista? A boa notícia é que isso é possível. A má notícia: é preciso muito empenho, resistência e o desejo incondicional de tornar sua Nova York pessoal uma realidade.

Como sempre, começa com uma decisão. Quem você quer ser, o que quer alcançar e em que área quer ser um especialista? Imaginemos que você queira se tornar um empresário de sucesso. O mais importante é adquirir a mentalidade correspondente, os conhecimentos necessários e as habilidades requeridas. Dependendo da sua posição hoje, deve ficar claro que tal desenvolvimento não acontece de um dia para o outro. Especialmente não se você ainda estiver trabalhando em um emprego de escritório ao qual tem que dedicar de oito a dez horas por dia.

Porém, quanto tempo demora exatamente até você se tornar um verdadeiro especialista? Malcolm Gladwell definiu uma regra de fácil memorização em seu livro *Fora de série - Outliers*. “Na verdade, os pesquisadores chegaram ao que acreditam ser o número mágico para a verdadeira expertise: dez mil horas.” Claro que o talento também desempenha sempre um papel, mas, em conclusão, essa regra de ouro coincide com as experiências que tive em minha própria vida e com a vida de centenas de empresários, executivos e gestores.

Então, vamos fazer as contas. Um ano consiste em exatamente 8.760 horas. Se você não estivesse fazendo nada além de trabalhar na questão do empreendedorismo, alcançaria seu objetivo em pouco mais de um ano. Porém, você ainda tem que dormir, ter uma família, um emprego, passatempos, amigos e outras obrigações. Você vai perceber rapidamente que dez mil horas pode ser muito, mas, por favor, não desista antes mesmo de começar.

O meu argumento é que você pode tornar-se um mestre do seu ofício mesmo tendo um emprego em tempo integral, uma família e obrigações. Tudo o que você precisa é de uma hora por dia. Sessenta minutos. Três mil e seiscentos segundos. Durante esse tempo, não faça mais nada. Comprometa-se completamente a estudar o assunto de sua escolha. “Mas, Ilja, onde é que eu vou encontrar uma hora inteira na minha agenda? Simplesmente não é possível!” Confie em mim, se sua Nova York pessoal é grande o suficiente, se você realmente quer alcançá-la com todos seus recursos, então vai encontrar esses sessenta minutos. É tudo uma questão de prioridades. Se precisar de algumas ideias, corte a televisão de noite, as inúmeras visitas ao Facebook ou o jogo interminável de Candy Crush em seu *smartphone*. Quando você começar a limpar seu dia e a cortar o desperdício de tempo improdutivo, vai encontrar uma tonelada de outras possibilidades. E agora vamos dar uma olhada em como usar esse tempo que você acabou de encontrar.

OS QUATRO ESTÁGIOS DA APRENDIZAGEM

Se você decidir se levantar uma hora mais cedo, tirar um tempo no meio do dia ou trabalhar um turno extra em sua Nova York pessoal depois que o dia acabar, o importante é que diga a si mesmo *"Eu simplesmente vou fazer isso!"* e comece. Para voltarmos ao nosso exemplo, tire uma hora para não fazer nada além de se comprometer com o tema do empreendedorismo, sem distrações, mas com cem por cento de foco. Muitas pessoas não têm a menor ideia de quanto podem fazer em uma única hora. Por exemplo, você poderia...

- ler um livro didático;
- inspirar-se nas biografias de empresários de sucesso;
- assistir a DVDs ou cursos on-line;
- desenvolver suas competências técnicas;
- ler *posts* em blogs, jornais científicos ou boletins informativos sobre o assunto;
- falar com pessoas que pensam da mesma maneira sobre o assunto;
- escrever suas ideias, seus pensamentos e seus planos em seu diário de mudanças;
- fazer um plano de negócios.

E assim por diante. As possibilidades são verdadeiramente infinitas. Quanto mais você mergulhar no assunto, melhor vai se tornar. O resultado: sua motivação aumenta inevitavelmente e seu foco começa a mudar. Você começa a fazer as coisas e, assim, dá um propósito à sua vida. Antes que você perceba, terá completado as quatro etapas de aprendizagem e será considerado um verdadeiro especialista. O quê? Você nunca ouviu falar desse modelo de curva de aprendizagem? Gostaria de apresentá-lo, porque todos os desenvolvimentos possíveis acontecem de acordo com esse padrão.

ESTÁGIO DE APRENDIZADO NÚMERO 1: INCOMPETÊNCIA INCONSCIENTE

Essa fase se aplica à maioria das pessoas na maioria das áreas. Há conhecimento demais e informação demais no mundo, por isso não é simplesmente possível absorver tudo de uma só vez. Assim, mesmo as pessoas mais inteligentes têm pontos cegos e há muita coisa que não sabem ou não podem fazer. Porém, como elas nunca lidaram com isso, não estão cientes.

Na primeira fase de aprendizagem, você não tem a menor ideia.

ESTÁGIO DE APRENDIZADO NÚMERO 2: INCOMPETÊNCIA CONSCIENTE

Quanto mais você começa a fazer as coisas, mais aproveita as muitas possibilidades que a vida tem a oferecer. De repente, você se depara com um assunto completamente novo. Você se interessa por arte, música, esporte ou empreendedorismo e, de repente, encontra-se na segunda etapa da aprendizagem e os portões para um mundo totalmente novo se abrem. Ainda há muita coisa que você não sabe e não pode fazer, mas agora já está bem ciente desse fato. Para citar Sócrates: "Só sei que nada sei." Na segunda fase de aprendizagem, você é um principiante.

ESTÁGIO DE APRENDIZADO NÚMERO 3: COMPETÊNCIA CONSCIENTE

Fica interessante na terceira fase. Quanto mais você se ocupa com um assunto, mais conhecimento, habilidade e informação absorve, como uma esponja, até que também seja capaz de usá-los na prática. Porém, s suas novas habilidades ainda são muito recentes, então você tem que se lembrar conscientemente de como fazê-lo a cada passo que dá. É por isso que um golfista iniciante pratica os movimentos de *backswing* e *follow through*; o pianista, a posição de suas mãos; e o empresário, o básico da contabilidade e das vendas.

É um pouco como sua primeira aula de direção. Você tem que pensar no que parecem ser mil coisas ao mesmo tempo. O pedal do acelerador está à direita e o do freio, à esquerda. Não se esqueça de colocar o cinto e olhar para trás. Os espelhos precisam ser ajustados e o freio de mão, solto. O rádio está tocando e o instrutor está sempre fazendo perguntas mais ou menos práticas. Depois de prestar atenção em tudo isso, você dá a partida e deixa o carro morrer depois de alguns metros a dez quilômetros por hora. Pelo menos foi assim para mim.

Na terceira fase de aprendizagem, você é um leigo.

ESTÁGIO DE APRENDIZADO NÚMERO 4: COMPETÊNCIA SUBCONSCIENTE

Vamos continuar com o exemplo da direção. Com o passar do tempo, suas habilidades melhoraram e, ao longo dos anos, você dirigiu dezenas de milhares de quilômetros nas estradas deste mundo. Por fim, você chegou ao ponto em que realmente não precisa pensar em cada procedimento. Desde então, tudo isso tem acontecido de forma subconsciente. Suas mãos e seus pés mudam de marcha automaticamente, além disso, você pode fazer uma ligação, escrever uma mensagem de texto ou falar com seu passageiro. Ao mesmo tempo, seus filhos lhe perguntam pela décima vez "Já chegamos?", enquanto você ouve uma bela voz na rádio. Quando você atinge o nível de competência subconsciente, tudo começa a ser muito divertido.

Na quarta fase de aprendizagem, você é um especialista.

Não importa o assunto, com o passar do tempo, você percorre todas as quatro fases de aprendizagem. Se estiver realmente empenhado, não vai demorar uma eternidade. É claro que ninguém pode andar esses quilômetros por você, cometer os erros necessários e aprender com eles, mas mesmo que você passe apenas uma hora por dia trabalhando na área escolhida, isso faz com que sejam sete horas por semana, trinta por mês e 360 por ano. E depois algo acontece em sua mente: quanto mais experiência tiver, mais tempo vai querer dedicar à sua Nova York pessoal. Em breve, essa hora por dia vai se transformar em duas, e ainda mais depois de um tempo. Antes que você se dê conta, terá se tornado realmente bom e chegado ao nível de competência subconsciente. Você alcançará o status de especialista.

Claro, isso leva algum tempo, mas não a eternidade. Você não precisa de todas as dez mil horas para ser realmente bom em seu assunto. Em minha opinião, metade disso é suficiente para ser melhor que oitenta por cento de seus concorrentes. Uma hora por dia pode fazer toda a diferença do mundo. O importante é que você comece. Não importa onde está hoje, se quer investir uma hora ou meio dia em seus planos. Cada minuto conta. Quando olhar para trás dentro de um ano, você vai desejar ter começado hoje. A filosofia é simples. Faça seu melhor todos os dias e tente se tornar um pouco melhor do que era ontem. O restante acontece naturalmente no caminho, se você estiver levando sua jornada a sério.

Se você está realmente convencido de que está levando a sério, eu gostaria de convidá-lo a questionar criticamente isso o mais frequentemente possível, porque podemos sempre ir além e dar apenas um pouco mais do que o esperado. Gostaria de contar sobre um encontro que realmente me moldou em relação a isso. Há alguns anos, tive a oportunidade de conhecer um empresário muito impressionante. Quando lhe perguntei sobre seus hobbies, ele respondeu: "Eu não tenho nenhum hobby. Quando faço algo, faço-o bem. Não importa o que seja." É exatamente disso que você precisa porque, se você não o fizer, ninguém o fará por você. Você tem que tomar a decisão, percorrer os quilômetros e continuar, mesmo quando a vida está testando o quão sério você é, mais uma vez.

Quando se trata de uma mentalidade *pense, faça, mude,* transformadora em sua forma mais pura, provavelmente não há um melhor modelo a se seguir do que Arnold Schwarzenegger, que recentemente publicou um vídeo no Instagram no qual fez a seguinte declaração: "Quando vejo caras mandando mensagens de texto na academia, eles não estão levando a sério. Isto é coisa do Mickey Mouse. Você treina ou não treina. Na Alemanha, nós dizemos: "*Wenn schon, denn schon*" [Se for fazer, faça]. Vá além!" Não há mais nada a dizer. Quando você faz algo, vá além ou não faça nada, em todas as áreas da sua vida.

DEMITA OS RECLAMÕES, SABICHÕES E EMBURRADOS

Um tempo atrás, as greves sindicais estavam acontecendo repetidamente nas escolas e nos jardins de infância de Berlim, por isso tive a sorte de passar um dia inteiro com minhas duas filhas. Após termos feito algumas artes e brincado um pouco, Emma e Elisabeth ficaram com fome, então comunicaram de maneira alta e clara que desejavam uma boa refeição. E, claro, o bem-estar de minhas duas princesas é mais caro ao meu coração do que qualquer outra coisa, por isso fiz o que todo pai atencioso teria feito em minha situação. Fomos direto ao McDonald's.

Porém, antes de podermos comer nossos suculentos hambúrgueres, tivemos que fazer uma coisa: esperar. Porque bem em nossa frente, na fila, estava um homem que tinha pedido duas promoções Big Mac. Era um pedido-padrão, então o caixa estava seguindo os movimentos-padrão e perguntou: "Você quer batatas fritas e ketchup também?".

O homem respondeu: "Sim, por favor."

E, depois: "Coca-Cola ou Fanta?"

Então, aconteceu um distúrbio no procedimento-padrão, porque a resposta foi: "Não, obrigado, não quero nada para beber."

O caixa não esperava isso, porque ele disse: "Mas as bebidas estão incluídas na refeição."

O homem respondeu: "Eu sei disso, mas mesmo assim não quero nada para beber."

"Mas isso seria ridículo, afinal você está pagando pelas bebidas."

"Eu sei, mas mesmo assim não quero."

Então o caixa começou a entrar em pânico: "Mas você não pode fazer isso."

E o homem perguntou: "Por que não?"

"Porque não posso vender o lanche sem uma bebida. Você tem que pedir uma." E continuou como um jogo de pingue-pongue.

O homem disse: "Mas eu não quero."

"Não posso vender o lanche."

"Mas eu não estou com sede."

"Desculpa, mas você tem que pedir uma bebida."

Finalmente, o homem disse o que eu provavelmente teria dito dois minutos antes: "Posso dar uma palavrinha com seu gerente?"

Então o caixa foi para os fundos e a gerente apareceu — uma jovem, talvez de 22 anos, com sardas no rosto e piercings no nariz, no lábio e nas duas sobrancelhas. Ela disse, ligeiramente irritada: "Ouvi dizer que há um problema com as bebidas."

Àquela altura, toda a fila estava curiosa em saber como tudo aquilo ia acabar. O homem explicou, desesperadamente. "Não é isso, só não quero nada para beber."

A gerente respondeu: "Mas você tem que pedir uma bebida, senão não podemos vender os lanches."

E todo o show começou de novo, mas, depois de algumas rodadas de discussão pingue-pongue, o ambiente no restaurante começou a mudar. Ficou mais barulhento. As primeiras pessoas esperando foram embora, e um murmúrio percorreu a multidão até que um pequeno rapaz no fim da fila gritou: "Ei, se o homem pedir duas Cocas, eu bebo! Podemos seguir em frente?"

Se você estivesse lá, teria sentido o alívio que tomou conta de várias pessoas: do homem, porque conseguiu sua comida; das pessoas na fila, porque a espera tinha acabado; e especialmente da gerente e de seu caixa, porque agora eles podiam computar as duas bebidas em sua caixa registradora com grande satisfação.

Eu não tinha certeza se deveria rir ou chorar naquele momento. Porém, acima de tudo, estava me fazendo uma pergunta crucial: "Isso foi uma exceção?" Acho que não foi, por mais de uma razão. Quantas vezes só fazemos as coisas porque sempre as fizemos de uma certa maneira? Quantas vezes as políticas da empresa são mais importantes para nós do que as necessidades dos nossos clientes? Quantas vezes tentamos convencer as pessoas a nossa volta a fazerem algo que elas realmente não querem fazer? Normalmente dizemos: "Você tem que fazer isto, tem que parar de fazer aquilo." E qual é o resultado? Oposição, negação, resistência à mudança. Quem não quiser mudar, não vai mudar, não importa o quanto atraiamos com a cenoura ou ameacemos com o bastão. Uma forte lei de mudança aplica-se aqui: "As pessoas só mudam por razões que são importantes para elas, e nunca por aquelas pelas quais gostaríamos que o fizessem."

Por isso, ao chegarmos ao fim deste livro, eu gostaria de abordar um assunto com o qual você será inevitavelmente confrontado quando usar a mentalidade *pense, faça, mude* e estabelecer o caminho para sua Nova York pessoal na vida. Estou falando da resistência cada vez maior à mudança, a sutil ou muito aberta recusa a novas ideias, caminhos e comportamentos. Porque uma coisa é tão certa como o céu é azul. Usar toda sua motivação para levar uma vida que mereça esse nome não significa que seu ambiente vai seguir você com entusiasmo. Muito pelo contrário, são grandes as chances de que você tenha que lidar com os típicos reclamões, sabe-tudo e resmungões que tentam lhe dissuadir de seus planos com uma energia difícil de encontrar.

Como se reage melhor a esse tipo de resistência? Como você pode motivar outras pessoas a uma mudança desejada? Você já sabe, pelo capítulo motivacional, que a motivação é uma daquelas coisas com as quais não é tão simples de se lidar. É a coisa mais fácil do mundo desencorajar as pessoas. Uma única palavra, uma decisão descuidada ou uma ação errada podem fazer com que a motivação de toda uma equipe caia rapidamente. Porém, é quase impossível conseguir que uma pessoa passe do ponto A para o ponto B quando ela não quer fazer isso. Se você tentou motivar alguém em vão antes, sabe do que estou falando.

Mesmo que isso pareça desolador no primeiro momento, ao mesmo tempo há boas notícias, pois é perfeitamente possível entusiasmar nosso ambiente com a mudança, e vale a pena dedicar muita energia e paixão a isso porque nada é mais poderoso do que o apoio de uma equipe motivada e confiável. É tão simples quanto eficaz. Se queremos que os outros mudem, temos de lhes dar uma razão racional e emocional, uma visão poderosa que faça com que valha a pena começar a agir. Você sabe como é: "seja sempre o primeiro". Lidere pelo exemplo e mostre o que você quer que os outros façam. Se você estiver animado, vai animar os outros. Se estiver motivado, motivará os outros. Se mudar a si mesmo e sua maneira de se comunicar, as pessoas a seu redor também mudarão, não porque têm que mudar, mas porque, de repente, querem mudar. Isso significa que precisamos da capacidade de despertar a motivação interior para mudanças dos outros, confiar neles e entusiasmá-los com nossas ideias.

Se você comunicar uma visão convincente e vivê-la com toda sua fibra, a maioria das pessoas em seu ambiente mergulhará na mudança cheia de motivação e de sua própria vontade. Porém, ao mesmo tempo, haverá outros que não conseguirão começar e, em vez disso, permanecerão no status quo. Isso ocorre por uma de duas razões.

- Razão um: não saber ou não ser capaz de fazer algo.
- Razão dois: não querer fazer algo.

Quanto à primeira razão, há uma solução simples. Ofereça todo o seu apoio para que o conhecimento desejado e as habilidades e ferramentas necessárias possam ser aprendidos e adaptados o mais rápido possível. Isso muda um pouco na segunda razão. Se alguém tem todos os pré-requisitos necessários, mas simplesmente não quer mudar, então, infelizmente, você não pode mudar esse fato. Eu encorajaria você a tentar novamente, mas, na maioria dos casos, é uma perda de tempo. Nesse caso, só há uma coisa que você pode e deve fazer: banir os reclamões, os sabe-tudo e os emburrados da sua vida de uma forma respeitosa, mas firme. Demita-os. A vida é curta demais para ter seus planos difamados por pessoas retrógradas, negativas e resistentes à mudança.

Quem você vai atrair para sua equipe? Que pessoas são boas para você, mas lhe desafiam ao mesmo tempo? Seja em um cenário de negócios ou em sua vida pessoal, você deve dedicar seu tempo a estruturar seu círculo interno acima de tudo, porque a mudança só acontece quando vocês se apoiarem uns nos outros, e não quando trabalham uns contra os outros. Os membros de uma equipe que funciona bem desafiam, apoiam e motivam uns aos outros, mas sempre oferecem um feedback construtivo. Assim, todos os membros da equipe crescem como indivíduos e também como um grupo e, antes que você perceba, o "Eu simplesmente vou fazer isso!" individual se transforma em um coletivo "Nós simplesmente vamos fazer isso!".

Você sempre pode escolher quem você quer que faça parte de seu círculo interno. Recomendo que só se rodeie de pessoas que o apoiem em seu caminho para a singularidade. A propósito, isso não significa que não possam criticar um ao outro. Muito pelo contrário, você sempre pode dizer quem são seus bons amigos, porque eles também trazem à tona coisas desconfortáveis. Porém, aqueles que desperdiçam toda sua energia em ser destrutivos e negativos não deveriam ter um lugar em sua vida.

Bem, com isso chegamos ao fim do livro. Espero ter sido capaz de desafiá-lo mais de uma vez e encorajá-lo a continuar a fazer isso. Se você encontrou uma grande ideia que foi útil para sua situação atual na vida, então eu estou mais do que feliz. Além disso, deixe as ideias deste capítulo marinarem e dê à sua Nova York pessoal tempo e espaço suficientes em sua vida. Quanto mais poderosa for sua unidade interna, mais fácil será fazer da mentalidade *pense, faça, mude* uma parte vital de seu cotidiano.

Sejam quais forem seus planos para o futuro, eu ficaria muito feliz se, de vez em quando, você ouvisse minha voz em sua cabeça, dizendo-lhe *pense, faça, mude.* Nos momentos de dúvida e medo, quero que se lembre do mantra e o repita para si mesmo: "Eu vou fazer isso!" Depois, simplesmente vá em frente e faça.

Isso realmente não requer uma grande e única ação, porque os muitos detalhes aparentemente insignificantes da vida cotidiana são muito mais importantes do que isso. Há conversas, comportamentos e ações que tendemos a evitar a todo custo, mas muitas vezes são essas pequenas peças do quebra-cabeça que fazem a grande diferença entre o sucesso e o fracasso. Esse também é um daqueles fatos que aprendi com uma mulher muito especial. Foi um encontro que, muito provavelmente, não esquecerei pelo resto da minha vida, porque, mesmo em um bar, um simples detalhe pode fazer toda a diferença do mundo.

Há alguns anos, fui a uma boate em uma noite. Enquanto eu esperava pelo meu amigo Stefan no bar, uma mulher atraente, jovem e muito loira, que me enviava sinais muito óbvios, estava a poucos metros de mim. Eu tinha uma parceira na época, e por isso não estava interessado, mas conversar não é crime, e foi assim que tudo começou. Se você tivesse estado lá, provavelmente teria descrito a jovem como uma Paris Hilton, apenas com base em sua aparência. Depois de ter falado as frases iniciais, você saberia imediatamente: não era das mais inteligentes. Mas ela era muito atraente, por isso perguntei: "Diga-me, o que você faz na vida?"

Ela ainda estava totalmente em modo de flerte e respondeu: "Bem, você vai ter que chutar."

Então brinquei e disse: "Está bem, mas pelo menos me diga com que letra começa."

Ela anunciou: "Começa com R."

Bem, eu tinha uma certa suposição, por isso arrisquei cegamente: "Hmmm... Talvez você seja uma recepcionista?".

Depois ela respondeu, e por favor, processe isso: "Errado, eu sou uma *hostess*!".

Admito que esse encontro me mudou. As empresas, organizações e a sociedade como um todo mudam quando as pessoas mudam. Sempre se trata de pessoas, pessoas como você e eu, que decidem que não vão mais suportar e começam a fazer uma mudança. Não espere mais. Deixe a hesitação para os outros. Supere seus medos. Em vez disso, anuncie, "Eu vou fazer isso!" o mais frequentemente possível e lidere as mudanças para seu ambiente pessoal. Outros o seguirão de bom grado.

No fim deste livro, por favor, imagine que você só tem uma única tarefa na vida, começando hoje, e que é influenciar as pessoas ao seu redor com sua mentalidade e sua atitude. Assim que você entra em uma sala, todos se alinham de acordo com você. O que aconteceria à sua empresa, à sua família e ao seu ambiente? Você serviria como um bom ou um mau exemplo? Você se retrairia ou motivaria os outros?

Sabe, essa não é uma consideração teórica, porque todos nós influenciamos as pessoas à nossa volta em cada encontro, em cada conversa e em cada momento com o que dizemos, o que fazemos e, às vezes, também com as coisas que não fazemos. Não importa em que ponto da sua vida você está neste momento, que título tem ou quanto dinheiro ganha, você é sempre capaz de fazer uma diferença. É capaz de iniciar ativamente a mudança. É capaz de influenciar as pessoas ao seu redor com sua mentalidade *pense, faça, mude.* Desejo-lhe o melhor e boa sorte com isso.

RESUMO DO CAPÍTULO

PENSE, FAÇA, MUDE – AS GRANDES IDEIAS DESTE CAPÍTULO

- ✓ Ter sucesso hoje significa saber o que funcionou bem ontem.
- ✓ Continue faminto e crítico mesmo em momentos de sucesso.
- ✓ Quanto melhor você estiver preparado para futuros desenvolvimentos, mais bem-sucedido você será.
- ✓ A maior motivação e o significado mais profundo estão em fazer — em realizar, implementar e agir.
- ✓ Encontre sua Nova York pessoal na vida e, depois, faça tudo o que for preciso para chegar lá.
- ✓ Use o teste rápido de Nova York para mudanças duradouras a fim de alcançar seus objetivos.
- ✓ Fique feliz pelo sucesso dos outros e concentre-se em você mesmo.
- ✓ Invista pelo menos uma hora por dia em seu desenvolvimento pessoal.
- ✓ Use as quatro fases de aprendizagem para se tornar um especialista em seu campo.
- ✓ Dê seu melhor todos os dias e tente ser um pouco melhor do que era ontem.
- ✓ Viva de acordo com o princípio de "ser sempre o primeiro"!
- ✓ Demita os reclamões, sabe-tudo e construtores de zonas de conforto da sua vida diária, de uma forma respeitosa, mas firme.
- ✓ Lidere as mudanças e influencie as pessoas em seu ambiente.

Epílogo:

Fazendo história

*"Take me out tonight. Where there's music and there's people, who are young and alive. Driving in your car, I never, never want to go home. Because I haven't got one anymore."**

- The Smiths, "There is a Light That Never Goes Out"

Não leva mais de 45 minutos para o sol se pôr no horizonte. E é fascinante para mim como a atmosfera de uma cidade inteira pode mudar tão rapidamente em tão pouco tempo. Onde os táxis aquáticos seguiam lentamente ao longo do rio Chao Phraya há apenas um momento, as festas estão começando em iates de luxo. A impressão é que todo mundo saiu ao mesmo tempo. O lugar de onde estou observando isso é o bar da cobertura no 31° andar do Hotel Millennium, em Bangkok. Um vento agradavelmente fresco torna a umidade suportável; há música de piano ao fundo e, totalmente relaxado, estou bebendo o meu Malbec argentino. Essa manhã fiz um discurso em uma conferência internacional de vendas, diante de líderes de todo o mundo, e agora tenho algum tempo para deixar que o fascínio da cidade tenha seu efeito sobre mim.

---

* *"Me leve para sair esta noite. Para onde haja música e pessoas que sejam jovens e vivas. Dirigindo em seu carro, eu nunca, nunca quero ir pra casa. Porque eu não tenho mais uma."*

E eu não sei se foi esse momento extraordinário acima dos telhados de Bangkok, mas de repente algumas perguntas surgem em minha cabeça. "Como teria sido a minha vida se eu não tivesse tomado a decisão de deixar o meu emprego presumivelmente seguro há oito anos? O que teria acontecido se eu tivesse permitido que o medo da mudança me paralisasse? Eu estaria tão feliz e satisfeito como estou hoje?"

Mesmo que nunca haja uma resposta para esses pensamentos, sei que não trocaria os últimos anos por nada no mundo. Fico cheio de um profundo sentimento de gratidão quando penso em todas as experiências, encontros, e altos e baixos desse tempo. Outra coisa se tornou muito aparente para mim: hoje só posso desfrutar da autonomia, da intensidade e da variedade, porque disse conscientemente a mim mesmo esta frase em um momento poderoso pela primeira vez na minha vida: "Vou simplesmente fazer isto!" Essas cinco simples palavras tiveram o poder de virar toda a minha vida de cabeça para baixo, de me levar em uma montanha-russa, com voltas, curvas e descidas rápidas que se tornaram cada vez mais intensas. Ainda tenho muitos planos e podem esperar projetos excitantes de mim no futuro.

Neste livro, tive mais uma vez o privilégio de compartilhar com vocês, meus caros leitores, algumas experiências de minha vida cotidiana. Muitas vezes me perguntam: "Ilja, diga uma coisa, nunca acontece nada comigo. Onde você consegue todas suas histórias? Você realmente passou por todas elas ou inventa essas coisas?"

Essa é uma questão que sempre me surpreende, porque a vida é cheia de experiências emocionantes. Em seu trabalho, com sua família, em seu trajeto para o trabalho, enquanto faz compras e até mesmo enquanto visita o zoológico, em qualquer lugar você tem a oportunidade de conhecer grandes pessoas e experimentar grandes coisas. Por isso, todas as histórias do meu livro foram tiradas da minha vida. Claro, mudei muitas vezes nomes de pessoas por razões óbvias, e tomei a liberdade como escritor de embelezar algumas das passagens, omitindo detalhes em outras áreas. Em suma, tudo aconteceu exatamente assim e o meu reservatório de histórias interessantes está quase vazio. Um tempo atrás, encontrei com o político do partido verde Jürgen Tritt na sauna, por exemplo, e... Bem, é melhor eu contar essa história durante uma das minhas palestras ou em meu próximo livro.

Pense sobre isto: quanto mais intensa for sua vida, mais você vai experimentar histórias que valem a pena contar. Porém, nada disso acontece por si só. Se você se sentar passivamente em seu sofá e esperar que um evento externo ou outra pessoa lhe dê aquele impulso tão necessário, você estará esperando em vão. Somente se criar a mudança nos próximos anos de forma ativa e autodeterminada você experimentará todos os altos e baixos que resultarão em histórias. Viva hoje a experiência sobre a qual você quer falar amanhã.

Porém, tudo isso não é nada comparado com a história mais importante de todas elas: sua história pessoal. Sua personalidade, suas experiências e todos os quilômetros que você percorreu em sua vida se combinam para criar uma história única à qual nenhum filme de sucesso de Hollywood poderia se comparar. Sua tarefa é desenvolver essa singularidade e transportá-la para o mundo. Acredite em mim, não há nenhum sentimento melhor do que anunciar orgulhosamente: "Sabe de uma coisa, eu consegui!"

Sempre que você sentir o impulso de dar mais um passo em sua jornada, eu o encorajaria a superar o medo da mudança e dizer "Eu vou fazer isso!" com total convicção. Quanto mais histórias você escreve, mais você está fazendo história.

Não espere.

Faça.

Agora.

Pense, faça, mude.

Tudo de bom para sua viagem.
Ilja Grzeskowitz

Agradecimentos

Não posso dizer o quanto estou orgulhoso e espero que sintam a paixão que tentei colocar em cada capítulo, em cada frase e, sim, em cada palavra. Ainda parece um milagre, como uma vaga ideia pode se transformar no livro que você está segurando em suas mãos agora mesmo. Porém, como sempre na vida, o todo é mais do que a soma das suas partes. Desenvolver, escrever e publicar um livro é o resultado de um grande trabalho de equipe. Portanto, gostaria de agradecer às pessoas que me ajudaram a fazer tudo isso acontecer.

Obrigado a toda a equipe da iUniversity por ser uma grande parceira. Um muito obrigado à minha editora alemã, *GABAL*. Juntos já publicamos quatro livros, e foi toda a equipe de Ursula Rosengart, Ute Flockenhaus e, especialmente, André Jünger que fez contato com a iUniverse.

Muito obrigado à minha agência de palestrantes *5 Sterne Redner*. A fantástica equipe de Heinrich Kürzeder não só cuida dos meus negócios como orador em todo o mundo, mas também é uma grande parceira de treinamento para o desenvolvimento de novas ideias e novos projetos. Vocês são o máximo!

Muito obrigado ao Jeffrey Hayzlett por escrever o prefácio fantástico para este livro. Significa o mundo para mim. Você me ensinou a realmente #ThinkBig.

Agradeço à incrível Sylvie di Giusto. Você não é apenas uma oradora e consultora de imagem fantástica, mas também uma grande amiga, que me abriu muitas portas. Não consigo expressar o quanto estou grato.

Um agradecimento a todos os membros e colegas oradores da Associação Nacional de Palestrantes. Conheci muitos novos amigos nessa grande organização. Vejo você em Phoenix 2016.

Claro, eu também gostaria de agradecer aos meus amigos palestrantes europeus. Obrigado pelo apoio, pela amizade e por todas as conversas profundas que tivemos. Vocês sabem quem são.

Agradeço ao meu amigo Oliver Kind por aquela lendária viagem ao Kramski, em Pforzheim. Nós conseguimos!

Um muito obrigado a todos os meus clientes, leitores e públicos em todo o mundo. Vocês são a razão pela qual eu faço o que faço.

Por último, mas não menos importante, gostaria de agradecer à minha família. Aos meus pais, Karin e Joachim, minha irmã Alexa, minha avó Friedel, e Silke, o amor da minha vida. Acima de tudo, agradeço às minhas duas filhas, Emma e Elisabeth. Desde que vocês se juntaram à minha vida, nada é como era antes. Amo vocês profundamente!

Referências

A Playlist do Spotify – Você pode ouvir a trilha sonora deste livro na playlist: https://open.spotify.com/user/1121732507/playlist/0zG13YabICTAbyCGdPpcJ. Ou use o app do Spotify pesquisando por "Ilja Grzeskowitz".

BRANSON, Richard. "Richard Branson about the power of having a mission". Disponível em: http://www.virgin.com/richardbranson/when-you-challenge-people-they-surprise-you.

Clocky, o relógio com alarme – Você quer comprar o Clocky? Aqui está o link: http://www.amazon.com/Clocky-Aqua-Runaway-AlarmClock/dp/B000TAS9XQ.

Comer, rezar, amar: o livro foi escrito por Elizabeth Gilbert, o filme é estrelado por Julia Roberts: http://www.amazon.com/Eat-Pray-Love-Julia-Roberts/dp/B00493E1GI.

Estudo Gallup: http://www.gallup.com/services/178514/state-americanworkplace.aspx

GLADWELL, Malcom. *Outliers – The Story of Success*. Penguin, 2009.

GODIN, Seth: Purple Cow: *Transform your Business by being remarkable*, Penguin, 2005.

GOLDSMITH, Marshall: *What Got You Here Won't Get You There: How Successful People Become Even More Successful*. Profile Books, 2008.

GRZESKOWITZ, Ilja: *Die Veränderungs-Formel: Aus Problemen Chancen machen*, GABAL, 2014.

KOTTER, John P.: *Leading Change: How to change your business in 8 steps*. Vahlen, 2011.

MA, Jack. *The story of Jack Ma*: https://en.wikipedia.org/wiki/Jack_Ma.

Modern Motivation with the Pavlok Bracelet: http://www.mobiflip.de/pavlov-fitness--armband-traeger-elektroschocks/.
Minha página no Facebook: http://www.facebook.com/igrzeskowitz.
Meu perfil no Instagram: www.instagram.com/igrzeskowitz.
Nam June Paik: https://en.wikipedia.org/wiki/NamJunePaik.
PINK, Daniel H.: *Drive - What really motivates you*. Ecowin, 2010.
Emile Ratelband: http://de.wikipedia.org/wiki/Emile Ratelband.
Antoine de Saint Exupéry. A citação de *O pequeno príncipe* é a seguinte: "Aqui vai o meu segredo. De fato, é um segredo bem simples: é somente com o coração que podemos ver corretamente; o essencial é invisível aos olhos."
Ernest Shackleton: Tudo sobre Sir Ernest Shackleton: https://en.wikipedia.org/wiki/Ernest_Shackleton.
SPRENGER, Reinhard: *Mythos Motivation – Wege aus einer Sackgasse*. Campus, 2014.
A trilogia do Batman: http://www.amazon.com/Knight-Trilogy-Batman-Begins-Rises/dp/B009JBWOU0.
A ilusão de superioridade: http://en.wikipedia.org/wiki/Illusory_superiority.
A definição de Motivação: http://de.wikipedia.org/wiki/Motivation.
A cena da fuga em *O Cavaleiro das Trevas Renasce*: https://www.youtube.com/watch?v=DjffIi2Pl7M.
A famosa anedota da abelha: http://www.livescience.com/33075-howbees-fly.html.
A dança do gaúcho: https://www.youtube.com/watch?v=lfhCnYAVz8M.
A evolução do iOS: http://www.theverge.com/2011/12/13/2612736/ios-history-iphone--ipad.
A lendária entrevista com o "ice ton": https://www.youtube.com/watch?v=m64Y6-ZpFt0.
A maior lista de desculpas do mundo: http://www.grzeskowitz.de/das-ende-der--ausreden-ein-manifest/.
O corte de cabelo *mullet* dos anos 1980: https://en.wikipedia.org/wiki/Mullet%28haircut%29
Valores: https://en.wikipedia.org/wiki/Value %28personal and cultural%29